기탄급수한자
5 급 빨리따기

5급·5급Ⅱ 공용 5급은 ①②③④과정 전 4권으로 구성되어 있습니다. **④과정**

 왜, 기탄급수한자일까요?

 전국적으로 초,중,고 학생들에게 급수한자 열풍이 대단합니다. 2005학년도 대학 수학 능력 시험부터 제2외국어 영역에 한문 과목이 추가되고, 한자 공인 급수 자격증에 대한 각종 특전이 부여됨에 따라 한자 조기 교육에 가속도가 붙고 있습니다. 이러한 교육 환경에서 초등학생의 한자 학습에 대한 열풍은 자연스럽게 한자능력검정시험에까지 이어지고 있습니다.

이에 발맞추어 기탄교육은 국내 유일의 초등학생 전용 급수한자 학습지《기탄급수한자 빨리따기》를 선보이게 되었습니다. 《기탄급수한자 빨리따기》는 초등학생의 수준에 딱 맞도록 구성되어 더욱 쉽고 빠르게 원하는 급수를 취득할 수 있습니다. 이제 초등학생들의 한자능력검정시험 준비는《기탄급수한자 빨리따기》로 시작하세요. 한자 학습의 목표를 정해 주어 학습 성취도가 높고, 공부하는 재미를 동시에 느낄 수 있습니다.

《기탄급수한자 빨리따기》 이런 점이 좋아요.

- 두꺼운 분량의 문제집이 아닌 각 급수별로 분권하여 학습 성취도가 높습니다.
- 충분한 쓰기 연습량으로 목표하는 급수 자격증을 빠르게 취득할 수 있습니다.
- 출제 유형을 꼼꼼히 분석한 기출예상문제풀이로 시험 대비에 효과적입니다.
- 만화, 전래 동화, 수수께끼 등 다양한 학습법으로 지루하지 않게 공부합니다.

한자능력검정시험이란 무엇인가요?

사단법인 한국어문회에서 주관하고 한국한자능력검정회가 시행하는 한자 활용능력 시험을 말합니다. 1992년 12월 9일 1회 시험이 시행되었고, 2001년 1월 1일 이후로 국가 공인자격시험(1급~3급Ⅱ)으로 치러지고 있습니다.

한자능력검정시험은 언제, 어떻게 치르나요?

정규 시험은 공인급수 시험과 교육급수 시험을 별도로 실시합니다. (한국한자능력검정회 홈페이지 참조 http://www.hanja.re.kr)
응시 자격은 8급~특급까지 연령, 성별, 학력 제한 없이 모든 급수에 응시할 수 있습니다.

한자능력검정시험에는 어떤 문제가 나오나요?

 급수별로 자세한 내용은 다음과 같습니다.

한자능력검정시험 출제 유형

구분	특급	특급Ⅱ	공인급수				교육급수								
			1급	2급	3급	3급Ⅱ	4급	4급Ⅱ	5급	5급Ⅱ	6급	6급Ⅱ	7급	7급Ⅱ	8급
읽기 배정 한자	5,978	4,918	3,500	2,355	1,817	1,500	1,000	750	500	400	300	225	150	100	50
쓰기 배정 한자	3,500	2,355	2,005	1,817	1,000	750	500	400	300	225	150	50	0	0	0
독음	50	50	50	45	45	45	32	35	35	35	33	32	32	22	24
훈음	32	32	32	27	27	27	22	22	23	23	22	29	30	30	24
장단음	10	10	10	5	5	5	3	0	0	0	0	0	0	0	0
반의어	10	10	10	10	10	10	3	3	3	3	3	2	2	2	0
완성형	15	15	15	10	10	10	5	5	4	4	3	2	2	2	0
부수	10	10	10	5	5	5	3	3	0	0	0	0	0	0	0
동의어	10	10	10	5	5	5	3	3	3	3	2	0	0	0	0
동음이의어	10	10	10	5	5	5	3	3	3	3	2	0	0	0	0
뜻풀이	10	10	10	5	5	5	3	3	3	3	2	2	2	2	0
필순	0	0	0	0	0	0	0	0	3	3	3	3	2	2	2
약자	3	3	3	3	3	3	3	3	3	3	0	0	0	0	0
한자 쓰기	40	40	40	30	30	30	20	20	20	20	20	10	0	0	0

※쓰기 배정 한자는 한두 급수 아래의 읽기 배정 한자이거나 그 범위 내에 있습니다.
※출제 유형표는 기본 지침 자료로서, 출제자의 의도에 따라 차이가 있을 수 있습니다.

한자능력검정시험의 급수는 어떻게 나누어지나요?

 한자능력검정시험은 공인급수와 교육급수로 나누어져 있으며, 8급에서 1급까지 배정되어 있습니다. 특급·특급Ⅱ는 민간자격급수입니다.

한자능력검정시험 급수 배정표

급수		읽기	쓰기	수준 및 특성
교육급수	8급	50	0	한자 학습 동기 부여를 위한 급수
	7급Ⅱ	100	0	기초 상용한자 활용의 초급 단계
	7급	150	0	기초 상용한자 활용의 초급 단계
	6급Ⅱ	225	50	기초 상용한자 활용의 중급 단계
	6급	300	150	기초 상용한자 활용의 고급 단계
	5급Ⅱ	400	225	중급 상용한자 활용의 초급 단계
	5급	500	300	중급 상용한자 활용의 초급 단계
	4급Ⅱ	750	400	중급 상용한자 활용의 중급 단계
	4급	1,000	500	중급 상용한자 활용의 고급 단계
공인급수	3급Ⅱ	1,500	750	고급 상용한자 활용의 초급 단계
	3급	1,817	1,000	고급 상용한자 활용의 중급 단계
	2급	2,355	1,817	상용한자를 활용하는 것은 물론 인명지명용 기초한자 활용 단계
	1급	3,500	2,005	국한혼용 고전을 불편 없이 읽고, 연구할 수 있는 수준 초급
특급Ⅱ		4,918	2,355	국한혼용 고전을 불편 없이 읽고, 연구할 수 있는 수준 중급
특급		5,978	3,500	국한혼용 고전을 불편 없이 읽고, 연구할 수 있는 수준 고급

한자능력검정시험 합격 기준표

구분	특급·특급Ⅱ	공인급수				교육급수								
		1급	2급	3급	3급Ⅱ	4급	4급Ⅱ	5급	5급Ⅱ	6급	6급Ⅱ	7급	7급Ⅱ	8급
출제문항수	200	200	150	150	150	100	100	100	100	90	80	70	60	50
합격문항수	160	160	105	105	105	70	70	70	70	63	56	49	42	35
시험시간	100분	90분	60분			50분								

※특급·특급Ⅱ·1급은 출제 문항수의 80% 이상, 2급~8급은 70% 이상 득점하면 합격입니다.

한자능력검정시험에 합격하면 어떤 좋은 점이 있나요?

· 1급~3급Ⅱ를 취득하면 국가 공인 자격증으로서, 초·중·고등학교 생활 기록부의 자격증란에 기재되고, 4급~8급을 취득하면 세부 능력 및 특기 사항란에 기재됩니다.

· 대학 입시 수시 모집 및 특기자 전형에 지원이 가능합니다.

· 대학 입시 면접에 가산점 부여 및 졸업 인증, 학점 반영 등 혜택이 주어집니다.

· 언론사, 기업체의 입사·승진 등 인사 고과에 반영됩니다.

5급 한자 500자를 ①, ②, ③, ④과정으로
분권하여 구성하였습니다. 두꺼운 분량의
책으로 공부할 때보다 학습자의 성취감을
높여줍니다.

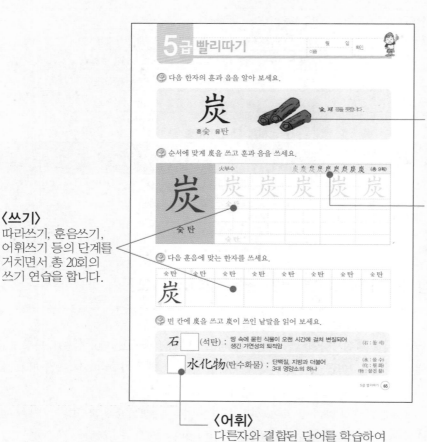

〈그림〉
한자의 훈에
해당하는 개념을
그림으로 표현
하여 쉽게 이해
하도록 합니다.

〈획순〉
한자를 바르게
쓸 수 있도록
획순을 제시
하였습니다.
(획순은 학자
마다 약간씩 견해
차이가 있습니다.)

〈쓰기〉
따라쓰기, 훈음쓰기,
어휘쓰기 등의 단계를
거치면서 총 20회의
쓰기 연습을 합니다.

〈어휘〉
다른자와 결합된 단어를 학습하여
어휘력을 높이도록 하였습니다.

〈도입〉
5급·5급Ⅱ 신출 한자를
가나다 순으로 정리하여
그림과 함께 소개합니다.

〈만화로 익히는 고사성어〉
고사성어를 만화로 표현하여
고사의 유래와 참뜻을 흥미롭
게 익힙니다.

〈이야기로 익히는 한자〉
학습 한자를 문장 속에서 훈
과 음을 적용시켜 응용력을
높입니다.

〈한자 수수께끼〉
한자 수수께끼를 통하여 한자
공부에 재미를 느끼게 합니다.

〈기출 및 예상 문제〉
시험에 출제되었던 문제와
예상 문제를 통하여 실력을
다집니다.

〈부록〉
모양이 비슷한 한자, 일자다음어,
약자, 사자성어 등을 정리하여 한
자 학습의 폭을 넓히고 실제 시험
을 대비합니다.

〈모의 한자능력검정시험〉
실제 시험 출제 유형과 똑같은
모의 한자능력검정시험 3회를
통하여 실전 감각을 높일 수
있습니다.

〈답안지〉
실제 시험과 똑같은 모양의 답안
작성 연습으로 실수를 줄일 수
있습니다.

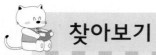

加(가)　❶-8
①과정 8쪽

 典 법 전

 傳 전할 전

 節 마디 절

 停 머무를 정

 調 고를 조

 展 펼 전

 切 끊을 절 / 온통 체

 店 가게 점

 情 뜻 정

 操 잡을 조

이름	월 일	확인

🌱 다음 한자의 훈과 음을 알아 보세요.

典
훈법 음전

'**법, 책**' 등을 뜻합니다.

• 유의어 : 法(법 법)

🌱 순서에 맞게 典을 쓰고 훈과 음을 쓰세요.

八부수	典典典典典典典典 (총 8획)

典
법 전

典	典	典	典	典
법 전				
법 전				

🌱 다음 훈음에 맞는 한자를 쓰세요.

법 전	법 전	법 전	법 전	법 전	법 전	법 전	법 전
典							

🌱 빈 칸에 典을 쓰고 典이 쓰인 낱말을 읽어 보세요.

古 ☐ (고전) : 옛날의 기록이나 책   (古 : 예 고)

法 ☐ (법전) : 어떤 종류의 법을 정리하여 엮은 책   (法 : 법 법)

5급 빨리따기

	월 일	확인
이름		

🌱 다음 한자의 훈과 음을 알아 보세요.

展
훈펼 음전

'펴다, 발달하다' 등을 뜻합니다.

🌱 순서에 맞게 展을 쓰고 훈과 음을 쓰세요.

尸부수	展展展展展展展展展展 (총 10획)

展
펼 전

展	展	展	展	展
펼 전				
펼 전				

🌱 다음 훈음에 맞는 한자를 쓰세요.

펼 전	펼 전	펼 전	펼 전	펼 전	펼 전	펼 전	펼 전
展							

🌱 빈 칸에 展을 쓰고 展이 쓰인 낱말을 읽어 보세요.

☐望(전망) : 멀리 바라봄

(望 : 바랄 망)

發☐(발전) : 일이 뻗어나가 번영함

(發 : 필 발)

🌸 다음 한자의 훈과 음을 알아 보세요.

傳

훈 전할 음 전

'전하다, 말하다' 등을 뜻합니다.

🌸 순서에 맞게 傳을 쓰고 훈과 음을 쓰세요.

傳 전할 전	⺅(人)부수	傳傳傳傳傳傳傳傳傳傳傳傳傳 (총 13획)			
	傳	傳	傳	傳	傳
	전할 전				
					약자 伝
	전할 전				

🌸 다음 훈음에 맞는 한자를 쓰세요.

전할 전	전할 전	전할 전	전할 전	전할 전	전할 전	전할 전	전할 전
傳							

🌸 빈 칸에 傳을 쓰고 傳이 쓰인 낱말을 읽어 보세요.

口☐ (구전) : 입으로 전해 내려 오는 것　　　　　　　　　(口 : 입 구)

☐說 (전설) : 전해 내려오는 신비로운 이야기　　(說 : 말씀 설/달랠 세/기쁠 열)

🌱 다음 한자의 훈과 음을 알아 보세요.

切  '끊다, 몹시, 온통' 등을 뜻합니다.

훈 끊을/온통 음 절/체

🌱 순서에 맞게 切을(를) 쓰고 훈과 음을 쓰세요.

切 끊을 절/온통 체	刀부수		切 切 切 切 (총 4획)			
	切	切	切	切	切	
	끊을 절/온통 체					
	끊을 절/온통 체					

🌱 다음 훈음에 맞는 한자를 쓰세요.

끊을 절/온통 체	끊을 절/온통 체	끊을 절/온통 체	끊을 절/온통 체	끊을 절/온통 체	끊을 절/온통 체	끊을 절/온통 체	끊을 절/온통 체
切							

🌱 빈 칸에 切을(를) 쓰고 切이(가) 쓰인 낱말을 읽어 보세요.

☐ 感(절감) : 절실하게 느낌 (感 : 느낄 감)

一 ☐ (일체) : 모든. 온갖 (一 : 한 일)

🌸 다음 한자의 훈과 음을 알아 보세요.

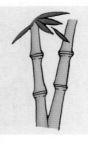

'마디, 곡조, 한 단락' 등을 뜻합니다.

훈 마디 음 절

🌸 순서에 맞게 節을 쓰고 훈과 음을 쓰세요.

竹부수	節節節節節節節節節節節節節節節 (총 15획)
節	節　　節　　節　　節　　節
마디 절	
마디 절	

🌸 다음 훈음에 맞는 한자를 쓰세요.

마디 절	마디 절	마디 절	마디 절	마디 절	마디 절	마디 절	마디 절
節							

🌸 빈 칸에 節을 쓰고 節이 쓰인 낱말을 읽어 보세요.

	約(절약) : 아껴 씀	(約 : 맺을 약)

	電(절전) : 전기를 아껴씀	(電 : 번개 전)

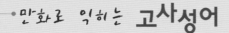
刮　目　相　對 (괄목상대)

비빌 **괄**　　　눈 **목**　　　서로 **상**　　　대할 **대**

'눈(目)을 비비고(刮) 상대방(相)을 다시 대한다(對)'는 뜻으로 **상대방의 학식이나 재주가 갑자기 몰라 볼 정도로 향상이 되어서 눈을 비비고 다시 확인해 본다**는 의미입니다. 오(吳)나라에 여몽 (呂蒙)이라는 장수가 있었는데 무술이 뛰어나 많은 전공을 세웠습니다. 그러나 그는 매우 무식하 여 손권이 그에게 공부할 것을 권했습니다. 얼마 후 그의 친구 노숙이 찾아와 학식이 몰라보게 높아진 여몽을 보고 놀라서 말한 고사에서 유래되었습니다.

월	일	확인
이름		

🌱 다음 한자의 훈과 음을 알아 보세요.

店

훈 가게 음 점

'**가게, 여관**' 등을 뜻합니다.

🌱 순서에 맞게 店을 쓰고 훈과 음을 쓰세요.

店 가게 점	广 부수			店店店店店店店店 (총 8획)	
	店	店	店	店	店
	가게 점				
	가게 점				

🌱 다음 훈음에 맞는 한자를 쓰세요.

가게 점	가게 점	가게 점	가게 점	가게 점	가게 점	가게 점	가게 점
店							

🌱 빈 칸에 店을 쓰고 店이 쓰인 낱말을 읽어 보세요.

本 ☐ (본점) : 영업의 본거지가 되는 점포
(本 : 근본 본)

書 ☐ (서점) : 책을 파는 가게
(書 : 글 서)

❀ 다음 한자의 훈과 음을 알아 보세요.

停

훈 머무를 음 정

'**머무르다, 정해지다**' 등을 뜻합니다.
• 유의어 : 止(그칠 지)

❀ 순서에 맞게 停을 쓰고 훈과 음을 쓰세요.

	イ (人)부수	停停停停停停停停停停停 (총 11획)
停 머무를 정	停　停　停　停　停	
	머무를 정	
	머무를 정	

❀ 다음 훈음에 맞는 한자를 쓰세요.

머무를 정	머무를 정	머무를 정	머무를 정	머무를 정	머무를 정	머무를 정	머무를 정
停							

❀ 빈 칸에 停을 쓰고 停이 쓰인 낱말을 읽어 보세요.

☐ 年(정년) : 공무원이나 회사원이 일정한 나이가 되면 근무지 에서 물러나도록 정해진 나이　(年 : 해 년)

☐ 學(정학) : 학생이 학교의 규칙을 어겼을 때 등교를 정지시키는 일　(學 : 배울 학)

🌱 다음 한자의 훈과 음을 알아 보세요.

情
훈뜻 음정

'뜻, 정 등을 뜻합니다.

🌱 순서에 맞게 情을 쓰고 훈과 음을 쓰세요.

情 뜻 정	忄(心)부수		情情情情情情情情情情情 (총 11획)		
	情	情	情	情	情
	뜻 정				
	뜻 정				

🌱 다음 훈음에 맞는 한자를 쓰세요.

뜻 정	뜻 정	뜻 정	뜻 정	뜻 정	뜻 정	뜻 정	뜻 정
情							

🌱 빈 칸에 情을 쓰고 情이 쓰인 낱말을 읽어 보세요.

☐景(정경) : 마음에 감동을 불러 일으킬만한 경치나 장면　　(景 : 볕 경)

多☐多感(다정다감) : ① 다정하고 다감하다　　(多 : 많을 다)
② 감수성이 많아 느끼는 바가 많다　　(感 : 느낄 감)

🌸 다음 한자의 훈과 음을 알아 보세요.

調
훈고를 음조

'**고르다, 조절하다**' 등을 뜻합니다.
• 유의어 : 和(화할 화)

🌸 순서에 맞게 調를 쓰고 훈과 음을 쓰세요.

調

고를 조

言부수	調調調調調調調調調調調調調調調 (총 15획)				
	調	調	調	調	調
고를 조					
고를 조					

🌸 다음 훈음에 맞는 한자를 쓰세요.

고를 조	고를 조	고를 조	고를 조	고를 조	고를 조	고를 조	고를 조
調							

🌸 빈 칸에 調를 쓰고 調가 쓰인 낱말을 읽어 보세요.

曲[　](곡조) : 음악의 가락　　　　　　　　　　　　(曲 : 굽을 곡)

[　]查(조사) : 사물의 내용을 자세히 살펴 알아봄　　　(査 : 조사할 사)

월 일	확인
이름	

🌸 다음 한자의 훈과 음을 알아 보세요.

操

훈 잡을 음 조

'잡다, 조종하다' 등을 뜻합니다.

🌸 순서에 맞게 操를 쓰고 훈과 음을 쓰세요.

操	‡(手)부수	操操操操操操操操操操 (총 16획)
	操 操 操 操 操	
잡을 조	잡을 조	
	잡을 조	

잡을 조

🌸 다음 훈음에 맞는 한자를 쓰세요.

잡을 조	잡을 조	잡을 조	잡을 조	잡을 조	잡을 조	잡을 조	잡을 조
操							

🌸 빈 칸에 操를 쓰고 操가 쓰인 낱말을 읽어 보세요.

☐ 作(조작) : 기계를 조종하여 움직임   (作 : 지을 작)

☐ 心(조심) : 삼가고 주의함   (心 : 마음 심)

이야기로 익히는 한자 1

☆ 다음 빈 칸에 알맞은 음(音)이나 한자(漢字)를 **보기**에서 찾아 쓰세요.

청렴하기로 유명한 명재상 황희정승에 관하여 전(⁽¹⁾□)해 내려오는 이야기입니다.

황희정승이 젊었을 때의 일입니다.

그는 한동안 관직에서 나라(⁽²⁾□) 일을 돌보다가 모처럼 휴가를 얻어 고향인 개성에 돌아가는 길이었습니다. 여름(⁽³⁾□) 한낮에 길을 가니 무척이나 힘이 든 황희정승은 잠시 숨을 고르기(⁽⁴⁾□) 위해 길을 멈춰 섰습니다. 갓길에 마디(⁽⁵⁾□)가 굵은 나무가 보이자 잠깐 머물기로(⁽⁶⁾□) 하였습니다. 〈계속〉

보기　　①停　②國　③夏　④調　⑤節　⑥傳

1 다음 漢字語의 讀音을 쓰세요.

(1) 節約 (   )   (2) 愛情 (   )

(3) 法典 (   )   (4) 展望 (   )

(5) 一切 (   )   (6) 操作 (   )

(7) 曲調 (   )   (8) 停電 (   )

(9) 本店 (   )   (10) 傳記 (   )

(11) 節電 (   )   (12) 口傳 (   )

(13) 古典 (   )   (14) 發展 (   )

(15) 操心 (   )   (16) 調査 (   )

(17) 情感 (   )   (18) 書店 (   )

(19) 停學 (   )   (20) 切感 (   )

2 다음 漢字의 訓과 音을 쓰세요.

(1) 展 (   )   (2) 情 (   )

(3) 節 (   )   (4) 店 (   )

(5) 停 (   )   (6) 操 (   )

③ 다음 밑줄 친 낱말을 漢字로 쓰세요.

(1) 불<u>조심</u>은 아무리 강조해도 지나치지 않습니다.

(2) 장사가 잘 되어서 여러 곳에 <u>분점</u>을 냈습니다.

(3) 그때서야 제가 커다란 실수를 하고 말았다는 것을 <u>절감</u>했습니다.

(4) <u>애정</u>이 식었습니다.

(5) 내일부터 인사동에서 작품 <u>전시회</u>를 엽니다.

(6) 교장 선생님께서 <u>정년</u>퇴임 하셨습니다.

(7) 그 <u>곡조</u>가 입에서 자꾸 맴돈다.

(8) 저는 한국 <u>고전</u> 문학을 공부하고 있습니다.

(9) 이 곳에서 선녀가 목욕을 하곤 했다는 <u>전설</u>이 있습니다.

(10) 근검 <u>절약</u>합시다.

④ 다음 訓과 音에 맞는 漢字를 쓰세요.

(1) 법 전   (   )   (2) 고를 조   (   )

(3) 전할 전   (   )   (4) 끊을 절 / 온통 체 (   )

⑤ 다음 漢字와 뜻이 상대 또는 반대되는 漢字를 쓰세요.

例	男 ↔ 女

(1) 主 ↔ (   )

6 다음 (   )에 들어갈 漢字를 〈보기〉에서 골라 그 番號를 쓰세요.

> 보기 ① 情 ② 停 ③ 傳 ④ 決

(1) 多(   )多感

7 다음 漢字와 뜻이 같거나 비슷한 漢字를 골라 그 番號를 쓰세요.

(1) 調 - (① 談 ② 和 ③ 說 ④ 話)

(2) 法 - (① 典 ② 兵 ③ 終 ④ 溫)

8 다음 漢字와 음이 같은 漢字를 골라 그 番號를 쓰세요.

(1) 操 - (① 作 ② 輕 ③ 調 ④ 朗)

(2) 情 - (① 靑 ② 定 ③ 浴 ④ 冷)

(3) 傳 - (① 停 ② 親 ③ 土 ④ 典)

9 다음 漢字語의 뜻을 쓰세요.

> 例 讀音 : ① 글 읽는 소리 ② 한자의 음

(1) 調査 - (   ) (2) 展望 - (   )

(3) 節電 - (   ) (4) 書店 - (   )

10 다음 漢字의 略字(획수를 줄인 漢字)를 쓰세요.

| 例 | 禮 → 礼 |

(1) 傳 - (   )

11 다음 물음에 답하세요.

(1)  ㉠획의 쓰는 순서를 아래에서 골라 번호를 쓰세요.

① 첫 번째   ② 세 번째

③ 다섯 번째   ④ 일곱 번째

(2)  ㉠획의 쓰는 순서를 아래에서 골라 번호를 쓰세요.

① 일곱 번째   ② 여덟 번째

③ 아홉 번째   ④ 열 번째

(3)  쓰는 순서가 맞는 것을 아래에서 골라 번호를 쓰세요.

① ㉢-㉣-㉠-㉡   ② ㉠-㉡-㉢-㉣

③ ㉣-㉢-㉡-㉠   ④ ㉢-㉣-㉡-㉠

한자 수수께끼

☆ 어떤 한자일까요? 맞춰 보세요.

위에는 밭이 있고 아래에는 냇물이 흐르고 있어.

달이 두 개가 서로 붙어있는 한자야.

산 셋이 거꾸로 포개져 있는 한자야.

해 답

▶ 用 (쓸 용)입니다.

用 ― 밭 전
   ― 내 천

用 ― 달 월

用 ― 메 산

· 用 : 쓸 용(用-총 5획)

 卒 마칠 졸

 終 마칠 종

 種 씨 종

 罪 허물 죄

 州 고을 주

 週 주일 주

 止 그칠 지

 知 알 지

 質 바탕 질

 着 붙을 착

5급 빨리따기

🌸 다음 한자의 훈과 음을 알아 보세요.

卒

훈 마칠 음 졸

'**마치다, 군사**' 등을 뜻합니다.

• 상대반의어 : 始(비로소 시), 初(처음 초)
• 유의어 : 終(마칠 종), 末(끝 말)

🌸 순서에 맞게 卒을 쓰고 훈과 음을 쓰세요.

卒 마칠 졸	十부수	卒卒卒卒卒卒卒卒 (총 8획)
	卒 / 卒 / 卒 / 卒 / 卒	
	마칠 졸	
		약자 卆
	마칠 졸	

🌸 다음 훈음에 맞는 한자를 쓰세요.

마칠 졸	마칠 졸	마칠 졸	마칠 졸	마칠 졸	마칠 졸	마칠 졸	마칠 졸
卒							

🌸 빈 칸에 卒을 쓰고 卒이 쓰인 낱말을 읽어 보세요.

☐ 業(졸업) : 학교에서 규정한 공부를 마침   (業 : 업 업)

☐ 兵(졸병) : 계급이 낮은 병사   (兵 : 병사 병)

월	일	확인
이름		

🌸 다음 한자의 훈과 음을 알아 보세요.

終

훈마칠 음종

마치다, 끝 등을 뜻합니다.

• 상대반의어 : 始(비로소 시), 初(처음 초)
• 유의어 : 卒(마칠 졸), 末(끝 말)

🌸 순서에 맞게 終을 쓰고 훈과 음을 쓰세요.

終

마칠 종

糸부수	終 終 終 終 終 終 終 終 終 終 終 (총 11획)				
	終	終	終	終	終
마칠 종					
마칠 종					

🌸 다음 훈음에 맞는 한자를 쓰세요.

마칠 종	마칠 종	마칠 종	마칠 종	마칠 종	마칠 종	마칠 종	마칠 종
終							

🌸 빈 칸에 終을 쓰고 終이 쓰인 낱말을 읽어 보세요.

☐ 結(종결) : 일을 끝냄　　　　　　　　　　　　　　　(結 : 맺을 결)

始 ☐ (시종) : 처음과 끝　　　　　　　　　　　　　　(始 : 비로소 시)

🌱 다음 한자의 훈과 음을 알아 보세요.

種

훈 씨 음 종

'씨, 혈통' 등을 뜻합니다.

🌱 순서에 맞게 種을 쓰고 훈과 음을 쓰세요.

種 씨 종	禾부수	種種種種種種種種種種種種種種 (총 14획)			
	種	種	種	種	種
	씨종				
	씨종				

🌱 다음 훈음에 맞는 한자를 쓰세요.

씨 종	씨 종	씨 종	씨 종	씨 종	씨 종	씨 종	씨 종
種							

🌱 빈 칸에 種을 쓰고 種이 쓰인 낱말을 읽어 보세요.

	類(종류) : 사물을 각 부문에 따라서 나눈 갈래	(類 : 무리 류)
	族(종족) : 같은 조상·언어·풍속·습관 등을 가진 사회집단	(族 : 겨레 족)

🌸 다음 한자의 훈과 음을 알아 보세요.

罪
훈 허물 음 죄

'죄, 허물' 등을 뜻합니다.

🌸 순서에 맞게 罪를 쓰고 훈과 음을 쓰세요.

罪
허물 죄

四(罒)부수	罪罪罪罪罪罪罪罪罪罪罪罪罪 (총 13획)			
罪 허물 죄	罪	罪	罪	罪
허물 죄				

🌸 다음 훈음에 맞는 한자를 쓰세요.

허물 죄	허물 죄	허물 죄	허물 죄	허물 죄	허물 죄	허물 죄	허물 죄
罪							

🌸 빈 칸에 罪를 쓰고 罪가 쓰인 낱말을 읽어 보세요.

☐ 人(죄인) : 죄를 지은 사람   (人 : 사람 인)

☐ 惡(죄악) : 죄가 될 만한 나쁜 행동   (惡 : 악할 악/미워할 오)

❀ 다음 한자의 훈과 음을 알아 보세요.

州

훈 고을 음 주

'**고을, 섬**' 등을 뜻합니다.
• 유의어 : 邑(고을 읍)

❀ 순서에 맞게 州를 쓰고 훈과 음을 쓰세요.

州	《《 부수			州 州 州 州 州 州 (총 6획)	
고을 주	州	州	州	州	州
	고을 주				
	고을 주				

❀ 다음 훈음에 맞는 한자를 쓰세요.

고을 주	고을 주	고을 주	고을 주	고을 주	고을 주	고을 주	고을 주
州							

❀ 빈 칸에 州를 쓰고 州가 쓰인 낱말을 읽어 보세요.

光　☐ (광주) : 전라남도에 있는 광역시　(光 : 빛 광)

☐ 郡 (주군) : ① 주와 군 ② 지방 일을 하는 곳　(郡 : 고을 군)

聞 一 知 十 (문일지십)

들을**문**　한**일**　알**지**　열**십**

'하나(一)를 들으면(聞) 열(十)을 안다(知)'는 뜻으로 **매우 총명한 사람을 비유**할 때 쓰는 말입니다. 공자(孔子)의 제자는 삼천 명이나 되었고 후세에 이름을 남긴 제자도 매우 많지만 그 중 자공(子貢)과 안회(安回)가 뛰어났습니다. 공자가 안회와 자공의 됨됨이를 자공에게 물으니 대답하기를 "안회가 훨씬 뛰어 납니다. 안회는 하나를 들으면 열을 알지만(聞一知十) 저는 하나를 들으면 둘을 알 따름입니다." 라고 말한데서 유래되었습니다.

🌱 다음 한자의 훈과 음을 알아 보세요.

週

'주일, 돌다' 등을 뜻합니다.

훈 주일 음 주

🌱 순서에 맞게 週를 쓰고 훈과 음을 쓰세요.

辶(辵)부수	週週週週週週週週週週週週 (총 12획)

週

주일 주

週	週	週	週	週
주일 주				
주일 주				

🌱 다음 훈음에 맞는 한자를 쓰세요.

주일 주	주일 주	주일 주	주일 주	주일 주	주일 주	주일 주	주일 주
週							

🌱 빈 칸에 週를 쓰고 週가 쓰인 낱말을 읽어 보세요.

☐ 末(주말) : 한 주일의 끝   (末 : 끝 말)

每 ☐ (매주) : 한결같거나 변함 없는 각각의 주   (每 : 매양 매)

🌸 다음 한자의 훈과 음을 알아 보세요.

훈 그칠 음 지

'그치다, 머무르다' 등을 뜻합니다.

• 유의어 : 停(머무를 정)

🌸 순서에 맞게 止를 쓰고 훈과 음을 쓰세요.

止 그칠 지	止부수			止 止 止 止 (총 4획)	
	止	止	止	止	止
	그칠 지				
	그칠 지				

🌸 다음 훈음에 맞는 한자를 쓰세요.

그칠 지	그칠 지	그칠 지	그칠 지	그칠 지	그칠 지	그칠 지	그칠 지
止							

🌸 빈 칸에 止를 쓰고 止가 쓰인 낱말을 읽어 보세요.

中□ (중지) : 무엇을 하다가 중간에 그침   (中 : 가운데 중)

停□ (정지) : 하던 일을 그만둠   (停 : 머무를 정)

🌸 다음 한자의 훈과 음을 알아 보세요.

知

훈알 음지

'**알다, 분별하다**' 등을 뜻합니다.

· 유의어 : 識(알 식)

🌸 순서에 맞게 知를 쓰고 훈과 음을 쓰세요.

知	矢부수		知 知 知 知 知 知 知 知 (총 8획)		
	知	知	知	知	知
알 지	알 지				
	알 지				

🌸 다음 훈음에 맞는 한자를 쓰세요.

알 지	알 지	알 지	알 지	알 지	알 지	알 지	알 지
知							

🌸 빈 칸에 知를 쓰고 知가 쓰인 낱말을 읽어 보세요.

不問可☐ (불문가지) : 묻지 않아도 알 수 있음

(不 : 아닐 부)
(問 : 물을 문)
(可 : 옳을 가)

感☐ (감지) : 직감적으로 느껴서 앎

(感 : 느낄 감)

월　　일　확인
이름

🌱 다음 한자의 훈과 음을 알아 보세요.

質
훈 바탕　음 질

'바탕, 인질, 묻다' 등을 뜻합니다.

🌱 순서에 맞게 質을 쓰고 훈과 음을 쓰세요.

質	貝부수	質質質質質質質質質質質質質質質 (총 15획)			
	質	質	質	質	質
	바탕 질				
바탕 질				약자	頂
	바탕 질				

🌱 다음 훈음에 맞는 한자를 쓰세요.

바탕 질	바탕 질	바탕 질	바탕 질	바탕 질	바탕 질	바탕 질	바탕 질
質							

🌱 빈 칸에 質을 쓰고 質이 쓰인 낱말을 읽어 보세요.

☐量(질량) : 물체가 가지고 있는 실제의 양　　　(量 : 헤아릴 량)

人☐(인질) : 볼모로 잡힌 사람　　　(人 : 사람 인)

월   일   확인
이름

😊 다음 한자의 훈과 음을 알아 보세요.

着

훈 붙을 음 착

'**붙다, 입다**' 등을 뜻합니다.

• 상대반의어 : 發(필 발)

※ 着은 著(나타날 저)의 俗字(속자)이나, 현대에 와서는 주로 '붙다'의 뜻으로 쓰입니다.

😊 순서에 맞게 着을 쓰고 훈과 음을 쓰세요.

目부수	着着着着着着着着着着着着 (총 12획)

着

붙을 착

着	着	着	着	着
붙을 착				
붙을 착				

😊 다음 훈음에 맞는 한자를 쓰세요.

붙을착	붙을착	붙을착	붙을착	붙을착	붙을착	붙을착	붙을착
着							

😊 빈 칸에 着을 쓰고 着이 쓰인 낱말을 읽어 보세요.

到☐(도착) : 목적지에 다다름   (到 : 이를 도)

☐席(착석) : 자리에 앉음   (席 : 자리 석)

이야기로 익히는 한자 2

☆ 다음 빈 칸에 알맞은 음(音)이나 한자(漢字)를 **보기**에서 찾아 쓰세요.

황희정승은 고을⁽¹⁾( )에 들어오면서부터 百姓⁽²⁾( )( )들의 생활을 두루 살펴보았습니다. '음 참으로 平和⁽³⁾( )( )로운 마을이군.' 하고 생각하고 있었습니다.

그러던 중 바로 앞에 있는 밭에서 한 농부가 씨⁽⁴⁾( )를 뿌리기 위해 소 두 마리를 데리고 쟁기질을 하고 있었습니다. 농부는 쟁기질을 멈추고⁽⁵⁾( ) 황희정승이 앉아 있는 나무⁽⁶⁾( ) 그늘로 왔습니다. 그리고 함께⁽⁷⁾( ) 일을 한 소 두 마리는 바로 옆에 매어두었습니다. 〈계속〉

보기 ① 백성 ② 평화 ③ 共 ④ 州 ⑤ 種 ⑥ 止 ⑦ 樹

제 2회 기출 및 예상 문제

| 월 | 일 | 이름 | 확인 |

1 다음 漢字語의 讀音을 쓰세요.

(1) 停止 (　　　)　　(2) 到着 (　　　)

(3) 種類 (　　　)　　(4) 罪惡 (　　　)

(5) 卒兵 (　　　)　　(6) 人質 (　　　)

(7) 全州 (　　　)　　(8) 知識 (　　　)

(9) 終末 (　　　)　　(10) 週末 (　　　)

(11) 罪名 (　　　)　　(12) 中止 (　　　)

(13) 着席 (　　　)　　(14) 變質 (　　　)

(15) 九州 (　　　)　　(16) 卒業 (　　　)

(17) 種目 (　　　)　　(18) 每週 (　　　)

(19) 始終 (　　　)　　(20) 知能 (　　　)

2 다음 漢字의 訓과 音을 쓰세요.

(1) 終 (　　　)　　(2) 州 (　　　)

(3) 着 (　　　)　　(4) 知 (　　　)

(5) 卒 (　　　)　　(6) 質 (　　　)

3 다음 밑줄 친 낱말을 漢字로 쓰세요.

(1) 물건을 <u>종류</u>별로 정리했습니다.

(2) <u>매주</u> 양로원을 방문합니다.

(3) 제 고향은 전라북도 <u>전주</u>입니다.

(4) <u>지능</u>이 높다고 해서 공부를 잘하는 것은 아닙니다.

(5) 저 <u>죄인</u>을 감옥에 가두어라.

(6) 유통 중에 <u>변질</u>된 물품은 교환해 드립니다.

(7) 부대 정문 앞에 일단 <u>정지</u>라는 팻말이 있습니다.

(8) 이로써 사건이 <u>종결</u>되었습니다.

(9) <u>졸업</u>식이 내일입니다.

(10) 기차는 한 시간 후에 <u>도착</u>합니다.

4 다음 訓과 音에 맞는 漢字를 쓰세요.

(1) 그칠 지 (   )   (2) 주일 주 (   )

(3) 씨 종 (   )   (4) 허물 죄 (   )

5 다음 漢字와 뜻이 상대 또는 반대되는 漢字를 쓰세요.

例	男 ↔ 女

(1) 始 ↔ (   )   (2) 發 ↔ (   )

6 다음 (   )에 들어갈 漢字를 〈보기〉에서 골라 그 番號를 쓰세요.

보기   ① 止 ② 問 ③ 知 ④ 卒

(1) 聞一(   )十   (2) 不(   )可知

7 다음 漢字와 뜻이 같거나 비슷한 漢字를 골라 그 番號를 쓰세요.

(1) 停 – (① 地 ② 止 ③ 偉 ④ 傳)

(2) 識 – (① 着 ② 戰 ③ 知 ④ 和)

(3) 州 – (① 邑 ② 國 ③ 海 ④ 週)

8 다음 漢字와 음이 같은 漢字를 골라 그 番號를 쓰세요.

(1) 州 – (① 川 ② 週 ③ 建 ④ 選)

(2) 止 – (① 正 ② 定 ③ 束 ④ 知)

(3) 終 – (① 重 ② 罪 ③ 卒 ④ 種)

9 다음 漢字語의 뜻을 쓰세요.

例   讀音 : ① 글 읽는 소리 ② 한자의 음

(1) 卒業 – (   ) (2) 感知 – (   )

(3) 着席 – (   ) (4) 週末 – (   )

월	일	이름		확인

10 다음 漢字의 略字(획수를 줄인 漢字)를 쓰세요.

> 例 禮 → 礼

(1) 卒 – (   )   (2) 質 – (   )

11 다음 물음에 답하세요.

(1)  ㉠획의 쓰는 순서를 아래에서 골라 번호를 쓰세요.

① 다섯 번째   ② 여섯 번째

③ 일곱 번째   ④ 여덟 번째

(2)  ㉠획의 쓰는 순서를 아래에서 골라 번호를 쓰세요.

① 여섯 번째   ② 다섯 번째

③ 네 번째   ④ 세 번째

(3)  쓰는 순서가 맞는 것을 아래에서 골라 번호를 쓰세요.

① ㉣-㉢-㉡-㉠   ② ㉡-㉢-㉠-㉣

③ ㉢-㉣-㉡-㉠   ④ ㉠-㉡-㉢-㉣

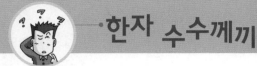

☆ 어떤 한자일까요? 맞춰 보세요.

> 날 일(日)에 한 획을
> 더 그어서 다른 한자를
> 만들어 보세요. 어떤 한자를
> 만들 수 있을까요?

해 답

세로로 그으면 田(밭 전) 田,

중간에 그으면 目(눈 목) 目,

위로 넘치게 그으면 由(말미암을 유) 由,

아래로 넘치게 그으면 甲(갑옷 갑) 甲,

위아래를 관통하면 申(납 신) 申,

아래로 평행하게 그으면 旦(아침 단) 旦,

왼쪽에 세로로 그으면 l日(예 구의 약자)가 되지 l日.

日을 두 개 나란히 쓰고 양 옆에 다리를 그으면 門(문 문) 門門

• 甲 : 첫째 천간/갑옷 갑(田-총 5획) • 申 : 아홉째 천간/납 신(田-총 5획)
• 旦 : 아침 단(日-총 5획) • l日: 예 구(臼-총 18획) 舊의 약자

5급 ④과정 한자능력검정시험

 參 참여할 참/
석 삼

 唱 부를 창

 責 꾸짖을 책

 鐵 쇠 철

 初 처음 초

 最 가장 최

 祝 빌 축

 充 채울 충

 致 이를 치

 則 법칙 칙/
곧 즉

🌱 다음 한자의 훈과 음을 알아 보세요.

훈 **참여할/석** 음 **참/삼**

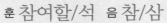

'**참여하다, 셋**' 등을 뜻합니다.

🌱 순서에 맞게 參을 쓰고 훈과 음을 쓰세요.

參 참여할 참/석 삼	ㅿ 부수 參參參參參參參參參參參 (총 11획)				
	參	參	參	參	參
	참여할 참/석 삼				
				약자	參
	참여할 참/석 삼				

🌱 다음 훈음에 맞는 한자를 쓰세요.

참여할 참/석 삼	참여할 참/석 삼	참여할 참/석 삼	참여할 참/석 삼	참여할 참/석 삼	참여할 참/석 삼	참여할 참/석 삼	참여할 참/석 삼
參							

🌱 빈 칸에 參을 쓰고 參이 쓰인 낱말을 읽어 보세요.

☐ **席**(참석) : 모임에 참여함 　　　　　　　　　　　　　(席 : 자리 석)

☐ **戰**(참전) : 전쟁에 참여함 　　　　　　　　　　　　　(戰 : 싸움 전)

🌸 다음 한자의 훈과 음을 알아 보세요.

唱
훈 부를　음 창

'노래, 부르다' 등을 뜻합니다.

🌸 순서에 맞게 唱을 쓰고 훈과 음을 쓰세요.

唱 부를 창	口부수	唱唱唱唱唱唱唱唱唱唱唱 (총 11획)			
	唱	唱	唱	唱	唱
	부를 창				
	부를 창				

🌸 다음 훈음에 맞는 한자를 쓰세요.

부를 창	부를 창	부를 창	부를 창	부를 창	부를 창	부를 창	부를 창
唱							

🌸 빈 칸에 唱을 쓰고 唱이 쓰인 낱말을 읽어 보세요.

☐ 歌(창가) : 곡조에 맞춰 노래함, 또는 그 노래　　　　　(歌 : 노래 가)

獨 ☐(독창) : 혼자서 노래 부름　　　　　(獨 : 홀로 독)

🌱 다음 한자의 훈과 음을 알아 보세요.

責

훈 꾸짖을 음 책

'**꾸짖다, 책임**' 등을 뜻합니다.

🌱 순서에 맞게 責을 쓰고 훈과 음을 쓰세요.

責 꾸짖을 책	貝부수	責責責責責責責責責責責 (총 11획)
	꾸짖을 책	責　責　責　責　責
	꾸짖을 책	

🌱 다음 훈음에 맞는 한자를 쓰세요.

꾸짖을 책	꾸짖을 책	꾸짖을 책	꾸짖을 책	꾸짖을 책	꾸짖을 책	꾸짖을 책	꾸짖을 책
責							

🌱 빈 칸에 責을 쓰고 責이 쓰인 낱말을 읽어 보세요.

☐ 任(책임) : 맡아서 꼭 해야할 일	(任 : 맡길 임)
☐ 望(책망) : 허물을 들어 꾸짖음	(望 : 바랄 망)

🌱 다음 한자의 훈과 음을 알아 보세요.

鐵
훈 쇠 음 철

'쇠, 단단하다' 등을 뜻합니다.
• 유의어 : 金(쇠 금)

🌱 순서에 맞게 鐵을 쓰고 훈과 음을 쓰세요.

鐵 쇠 철	金부수	鐵鐵鐵鐵鐵鐵鐵鐵鐵鐵鐵鐵鐵鐵 (총 21획) 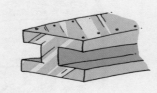			
	鐵	鐵	鐵	鐵	鐵
	쇠 철				
					약자 鉄
	쇠 철				

🌱 다음 훈음에 맞는 한자를 쓰세요.

쇠 철	쇠 철	쇠 철	쇠 철	쇠 철	쇠 철	쇠 철	쇠 철
鐵							

🌱 빈 칸에 鐵을 쓰고 鐵이 쓰인 낱말을 읽어 보세요.

☐ 橋(철교) : 쇠로 놓은 다리   (橋 : 다리 교)

☐ 道(철도) : 땅 위에 두꺼운 쇠줄을 깔고 그 위로 차가 다니게   (道 : 길 도)
한 설비

🌸 다음 한자의 훈과 음을 알아 보세요.

훈 처음 음 초

'**처음, 비로소**' 등을 뜻합니다.

• 상대반의어 : 末(끝 말), 終(마칠 종),
　　　　　　　　卒(마칠 졸)
• 유의어 : 始(비로소 시)

🌸 순서에 맞게 初를 쓰고 훈과 음을 쓰세요.

初 처음 초	刀부수		初初初初初初初 (총 7획)		
	初	初	初	初	初
	처음 초				
	처음 초				

🌸 다음 훈음에 맞는 한자를 쓰세요.

처음 초	처음 초	처음 초	처음 초	처음 초	처음 초	처음 초	처음 초
初							

🌸 빈 칸에 初를 쓰고 初가 쓰인 낱말을 읽어 보세요.

	志一貫(초지일관) : 처음에 세운 뜻을 끝까지 밀고 나감	(志 : 뜻 지) (一 : 한 일) (貫 : 뚫을 관)
	面(초면) : 처음으로 대하는 얼굴이나 처지	(面 : 낯 면)

만화로 익히는 **고사성어**

鐵　面　皮 (철면피)
쇠 **철**　　　얼굴 **면**　　　가죽 **피**

'쇠(鐵)로 만든 얼굴(面) 가죽(皮)'이라는 뜻으로 **염치를 모르는 사람**을 말합니다. 왕광원이라는 출세욕이 지나친 사람이 있었습니다. 그는 고관들에게 아첨을 하기위해 뺨을 맞는 모욕도 참아 냈습니다. 이러한 왕광원을 가리켜 당시 사람들이 "광원의 낯가죽은 두껍기가 열 겹의 철갑(鐵甲)과 같다."라고 말한데서 유래된 고사성어입니다.

🌸 다음 한자의 훈과 음을 알아 보세요.

最

훈 가장 음 최

'**가장, 최상**' 등을 뜻합니다.

🌸 순서에 맞게 最를 쓰고 훈과 음을 쓰세요.

最 가장 최	日부수	最最最最最最最最最最最最 (총 12획)				
		最	最	最	最	最
	가장 최					
	가장 최					

🌸 다음 훈음에 맞는 한자를 쓰세요.

가장 최	가장 최	가장 최	가장 최	가장 최	가장 최	가장 최	가장 최
最							

🌸 빈 칸에 最를 쓰고 最가 쓰인 낱말을 읽어 보세요.

☐ 高(최고) : 가장 높음 (高 : 높을 고)

☐ 善(최선) : 가장 좋거나 훌륭한 것 (善 : 착할 선)

🌸 다음 한자의 훈과 음을 알아 보세요.

祝

훈 빌 음 축

'**빌다, 기원하다**' 등을 뜻합니다.

🌸 순서에 맞게 祝을 쓰고 훈과 음을 쓰세요.

祝

빌 축

示부수	祝祝祝祝祝祝祝祝祝祝 (총 10획)
祝 빌축	祝 祝 祝 祝
빌축	

🌸 다음 훈음에 맞는 한자를 쓰세요.

빌축	빌축	빌축	빌축	빌축	빌축	빌축	빌축
祝							

🌸 빈 칸에 祝을 쓰고 祝이 쓰인 낱말을 읽어 보세요.

[ ] 福(축복) : 행복을 빎   (福 : 복 복)

[ ] 典(축전) : 축하하는 뜻으로 행하는 의식이나 행사   (典 : 법 전)

❀ 다음 한자의 훈과 음을 알아 보세요.

充

훈 채울 음 충

'채우다, 막다' 등을 뜻합니다.

❀ 순서에 맞게 充을 쓰고 훈과 음을 쓰세요.

	儿부수		充充充充充充 (총 6획)	
充 채울 충	充	充	充	充 充
	채울 충			
	채울 충			

❀ 다음 훈음에 맞는 한자를 쓰세요.

채울 충	채울 충	채울 충	채울 충	채울 충	채울 충	채울 충	채울 충
充							

❀ 빈 칸에 充을 쓰고 充이 쓰인 낱말을 읽어 보세요.

☐ 足 (충족) : 일정한 분량에 차거나 채움   (足 : 발 족)

☐ 實 (충실) : ① 몸이 튼튼함 ② 맡은 일을 열심히 함   (實 : 열매 실)
③ 내용이 알참

🌺 다음 한자의 훈과 음을 알아 보세요.

致

훈 이를 음 치

'이르다, 이루다' 등을 뜻합니다.

🌺 순서에 맞게 致를 쓰고 훈과 음을 쓰세요.

致	至부수	致致致致致致致致致致 (총 10획)
		致　致　致　致　致
	이를 치	
이를 치		
	이를 치	

🌺 다음 훈음에 맞는 한자를 쓰세요.

이를 치	이를 치	이를 치	이를 치	이를 치	이를 치	이를 치	이를 치
致							

🌺 빈 칸에 致를 쓰고 致가 쓰인 낱말을 읽어 보세요.

景☐ (경치) : 자연의 풍경 　　　　　　　　　(景 : 볕 경)

一☐ (일치) : 서로 의견이 맞음 　　　　　　　(一 : 한 일)

🌸 다음 한자의 훈과 음을 알아 보세요.

則

훈 법칙/곧 음 칙/즉

'법칙, 즉' 등을 뜻합니다.

🌸 순서에 맞게 則을 쓰고 훈과 음을 쓰세요.

則	⺉(刀)부수		則則則則則則則則則 (총 9획)		
	則	則	則	則	則
법칙 칙/곧 즉	법칙 칙/곧 즉				
	법칙 칙/곧 즉				

🌸 다음 훈음에 맞는 한자를 쓰세요.

법칙 칙/곧 즉	법칙 칙/곧 즉	법칙 칙/곧 즉	법칙 칙/곧 즉	법칙 칙/곧 즉	법칙 칙/곧 즉	법칙 칙/곧 즉	법칙 칙/곧 즉
則							

🌸 빈 칸에 則을 쓰고 則이 쓰인 낱말을 읽어 보세요.

規 ☐ (규칙) : 여러 사람이 다 같이 지키기로 한 법   (規 : 법 규)

鐵 ☐ (철칙) : 고치거나 어길 수 없는 굳은 규칙   (鐵 : 쇠 철)

☆ 다음 빈 칸에 알맞은 음(音)이나 한자(漢字)를 **보기**에서 찾아 쓰세요.

황희정승은 두 마리의 소를 가리키며 農夫(⁽¹⁾⬚⬚)에게 물었습니다.

"노인(⁽²⁾⬚⬚)장, 저 두 마리의 소 중에 어느 소가 더 일을 잘 합니까?"

그러나 농부는 質問(⁽³⁾⬚⬚)은 들은 척도 하지 않고 오히려 황희정승을

꾸짖듯이(⁽⁴⁾⬚) 바라보며 땀만 식히고 있었습니다.

황희정승은 큰 소리로 다시 노인을 불렀습니다.(⁽⁵⁾⬚)

그러자 노인은 곧(⁽⁶⁾⬚) 황희정승에게 가장(⁽⁷⁾⬚) 작은 소리로 잠깐 귀를 빌

리자고 말했습니다.　　　　　　　　　　　　　　　　　　　　〈계속〉

보기 ① 농부　② 질문　③ 老人　④ 則　⑤ 責　⑥ 最　⑦ 唱

1 다음 漢字語의 讀音을 쓰세요.

(1) 歌唱   (   )   (2) 祝福   (   )

(3) 一致   (   )   (4) 責任   (   )

(5) 鐵橋   (   )   (6) 最善   (   )

(7) 參席   (   )   (8) 始初   (   )

(9) 鐵則   (   )   (10) 充分   (   )

(11) 責望   (   )   (12) 獨唱   (   )

(13) 參戰   (   )   (14) 祝歌   (   )

(15) 最高   (   )   (16) 充實   (   )

(17) 初等   (   )   (18) 反則   (   )

(19) 法則   (   )   (20) 致命   (   )

2 다음 漢字의 訓과 音을 쓰세요.

(1) 初   (   )   (2) 參   (   )

(3) 最   (   )   (4) 充   (   )

(5) 唱   (   )   (6) 致   (   )

3 다음 밑줄 친 낱말을 漢字로 쓰세요.

(1) <u>초면</u>에 실례가 많았습니다.

(2) 저는 <u>합창</u>단에 가입했습니다.

(3) 이 정도면 <u>충분</u>하다고 생각합니다.

(4) 제자들이 결혼식에서 <u>축가</u>를 불렀습니다.

(5) 농구 경기에서 <u>반칙</u>을 다섯 번하면 퇴장입니다.

(6) 의견의 <u>일치</u>를 보았습니다.

(7) <u>참석</u>해 주신 분들께 감사드립니다.

(8) 제가 <u>책임</u>지겠습니다.

(9) 최고보다는 <u>최선</u>이 되도록 노력해야 합니다.

(10) 우리 아버지는 <u>철도</u>청에서 근무하십니다.

4 다음 訓과 音에 맞는 漢字를 쓰세요.

(1) 쇠 철   (   )   (2) 법칙 칙 / 곧 즉   (   )

(3) 꾸짖을 책 (   )   (4) 빌 축   (   )

5 다음 漢字와 뜻이 상대 또는 반대되는 漢字를 쓰세요.

| 例 | 男 ↔ 女 |

(1) 初 ↔ (   )

제 3회 기출 및 예상 문제

6 다음 (   )에 들어갈 漢字를 〈보기〉에서 골라 그 番號를 쓰세요.

> 보 기   ① 參 ② 質 ③ 初 ④ 卒

(1) (   )志一貫

7 다음 漢字와 뜻이 같거나 비슷한 漢字를 골라 그 番號를 쓰세요.

(1) 初 – (① 會 ② 始 ③ 因 ④ 社)

(2) 鐵 – (① 金 ② 唱 ③ 責 ④ 空)

(3) 則 – (① 過 ② 行 ③ 法 ④ 充)

8 다음 漢字와 음이 같은 漢字를 골라 그 番號를 쓰세요.

(1) 唱 – (① 窓 ② 號 ③ 口 ④ 操)

(2) 草 – (① 初 ② 景 ③ 表 ④ 特)

9 다음 漢字語의 뜻을 쓰세요.

> 例   讀音 : ① 글 읽는 소리 ② 한자의 음

(1) 參席 – (   )   (2) 最高 – (   )

(3) 始初 – (   )   (4) 祝歌 – (   )

10 다음 漢字의 略字(획수를 줄인 漢字)를 쓰세요.

> | 例 | 禮 → 礼 |

(1) 參 – (　　　　　)　　　(2) 鐵 – (　　　　　)

11 다음 물음에 답하세요.

(1)  ㉠획의 쓰는 순서를 아래에서 골라 번호를 쓰세요.

① 여섯 번째　　　　② 일곱 번째

③ 여덟 번째　　　　④ 아홉 번째

(2) ㉠획의 쓰는 순서를 아래에서 골라 번호를 쓰세요.

① 네 번째　　　　② 다섯 번째

③ 여섯 번째　　　　④ 일곱 번째

(3) 充 쓰는 순서가 맞는 것을 아래에서 골라 번호를 쓰세요.

① ㉠ - ㉡ - ㉢ - ㉣ - ㉤ - ㉥

② ㉢ - ㉣ - ㉥ - ㉢ - ㉡ - ㉠

③ ㉥ - ㉢ - ㉣ - ㉢ - ㉡ - ㉠

④ ㉢ - ㉣ - ㉥ - ㉡ - ㉠ - ㉢

☆ 어떤 한자일까요? 맞춰 보세요.

나는 그대를
左糸右糸中言下心
하오!

저 도련님은
兩人十四一心이 높기로
유명한 도련님…….
아이 부끄러워라.

해 답

▶ 左糸右糸中言下心은
왼쪽(左)에 실 사(糸), 오른쪽(右)에도 실 사(糸), 가운데(中)에
말씀 언(言), 아래(下)에 마음심(心)을 쓰니 도령의 말은 즉
'사모합니다.'라는 뜻이죠.

戀 사모할 련

▶ 兩人十四一心은
兩人은 두 사람 즉 彳, 十四一心을 이어서 쓰면 悳.
합하면 德이니 '덕이 높다'는 뜻입니다.

德 큰 덕

5급 ④과정 한자능력검정시험

 他 다를 타

 打 칠 타

 卓 높을 탁

 炭 숯 탄

 宅 집 택(댁)

 板 널 판

 敗 패할 패

 品 물건 품

 必 반드시 필

 筆 붓 필

🌼 다음 한자의 훈과 음을 알아 보세요.

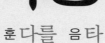
他
훈 다를 음 타

'다르다, 다른 곳' 등을 뜻합니다.
• 상대반의어 : 自(스스로 자)

🌼 순서에 맞게 他를 쓰고 훈과 음을 쓰세요.

亻(人)부수				他 他 他 他 他 (총 5획)	
他	他	他	他	他	他
다를 타	다를 타				
다를 타	다를 타				

🌼 다음 훈음에 맞는 한자를 쓰세요.

다를 타	다를 타	다를 타	다를 타	다를 타	다를 타	다를 타	다를 타
他							

🌼 빈 칸에 他를 쓰고 他가 쓰인 낱말을 읽어 보세요.

☐ 山之石(타산지석) : 하찮은 남의 언행일지라도 자신을 수양하는 데에 도움이 됨
(山 : 메 산)
(之 : 어조사 지)
(石 : 돌 석)

出 ☐ (출타) : 다른 곳에 나감
(出 : 날 출)

❀ 다음 한자의 훈과 음을 알아 보세요.

打
훈 칠 음 타

'치다, 때리다' 등을 뜻합니다.

❀ 순서에 맞게 打를 쓰고 훈과 음을 쓰세요.

打	扌(手)부수	打打打打打 (총 5획)
칠 타	打 칠 타	打 打 打 打

❀ 다음 훈음에 맞는 한자를 쓰세요.

칠 타	칠 타	칠 타	칠 타	칠 타	칠 타	칠 타	칠 타
打							

❀ 빈 칸에 打를 쓰고 打가 쓰인 낱말을 읽어 보세요.

利害 ☐ 算(이해타산) : 이익과 손해를 셈하여 봄

(利 : 이로울 리)
(害 : 해할 해)
(算 : 셈 산)

☐ 令(타령) : 우리나라 고유 음악 곡조의 한 가지

(令 : 하여금 령)

🌸 다음 한자의 훈과 음을 알아 보세요.

卓

'**높다, 탁자**' 등을 뜻합니다.

훈높을 음탁

🌸 순서에 맞게 卓을 쓰고 훈과 음을 쓰세요.

卓	十부수	卓卓卓卓卓卓卓卓 (총 8획)

	卓	卓	卓	卓	卓
	높을 탁				
높을 탁	높을 탁				

🌸 다음 훈음에 맞는 한자를 쓰세요.

높을 탁	높을 탁	높을 탁	높을 탁	높을 탁	높을 탁	높을 탁	높을 탁
卓							

🌸 빈 칸에 卓을 쓰고 卓이 쓰인 낱말을 읽어 보세요.

☐ 見(탁견) : 뛰어난 의견　　　　　　　　(見 : 볼 견/뵈올 현)

食 ☐ (식탁) : 식사할 때 음식을 차려놓는 상　　(食 : 밥/먹을 식)

월   일

이름 | 확인

🌸 다음 한자의 훈과 음을 알아 보세요.

炭

훈숯 음탄

'숯, 재' 등을 뜻합니다.

🌸 순서에 맞게 炭을 쓰고 훈과 음을 쓰세요.

炭

숯 탄

火부수	炭炭炭炭炭炭炭炭炭 (총 9획)			
炭	炭	炭	炭	炭
숯 탄				
숯 탄				

🌸 다음 훈음에 맞는 한자를 쓰세요.

숯 탄	숯 탄	숯 탄	숯 탄	숯 탄	숯 탄	숯 탄	숯 탄
炭							

🌸 빈 칸에 炭을 쓰고 炭이 쓰인 낱말을 읽어 보세요.

石 ☐ (석탄) : 땅 속에 묻힌 식물이 오랜 시간에 걸쳐 변질되어 생긴 가연성의 퇴적암

(石 : 돌 석)

☐ 水化物 (탄수화물) : 단백질, 지방과 더불어 3대 영양소의 하나

(水 : 물 수)
(化 : 될 화)
(物 : 물건 물)

🌱 다음 한자의 훈과 음을 알아 보세요.

宅

훈 집 음 택/댁

'**집, 대지**' 등을 뜻합니다.

• 유의어 : 家(집 가), 屋(집 옥), 室(집 실)

🌱 순서에 맞게 宅을 쓰고 훈과 음을 쓰세요.

﹁ 부수	宅宅宅宅宅宅 (총 6획)

宅

집 택/댁

	宅	宅	宅	宅	宅
	집 택/댁				
	집 택/댁				

🌱 다음 훈음에 맞는 한자를 쓰세요.

집 택/댁	집 택/댁	집 택/댁	집 택/댁	집 택/댁	집 택/댁	집 택/댁	집 택/댁
宅							

🌱 빈 칸에 宅을 쓰고 宅이 쓰인 낱말을 읽어 보세요.

自 ☐ (자택) : 자기의 집   (自 : 스스로 자)

家 ☐ (가택) : 살림하는 집   (家 : 집 가)

他 山 之 石 (타산지석)

다를 **타**　　메 **산**　　어조사 **지**　　돌 **석**

'다른(他) 산(山)의(之) 돌(石)'이라는 뜻으로 **다른 사람의 하찮은 말이나 행동도 자기의 지혜와 덕을 쌓는데 도움이 된다**는 뜻입니다. 他山之石의 유래는 시경(詩經)이라는 시집에서 나오는 시의 한 구절인 他山之石 可以攻玉(타산지석 가이공옥 : 다른 산의 돌로 이로써 옥을 갈 수 있네.)으로 돌(石)을 소인(小人)에 비유하고 옥(玉)을 군자(君子)에 비유하여 군자도 소인에 의해 수양과 학식을 쌓아 나갈 수 있음을 노래하였습니다.

월   일

이름   확인

🌱 다음 한자의 훈과 음을 알아 보세요.

板

훈널 음판

'널, 널빤지' 등을 뜻합니다.

🌱 순서에 맞게 板을 쓰고 훈과 음을 쓰세요.

木부수			板板板板板板板板 (총 8획)	
板	板	板	板	板
널판				
널판				

판 아래: 널 판

🌱 다음 훈음에 맞는 한자를 쓰세요.

널판	널판	널판	널판	널판	널판	널판	널판
板							

🌱 빈 칸에 板을 쓰고 板이 쓰인 낱말을 읽어 보세요.

木 ☐ (목판) : 나무에 글자나 그림을 새긴 판   (木 : 나무 목)

氷 ☐ (빙판) : 얼어 붙은 길바닥   (氷 : 얼음 빙)

🌟 다음 한자의 훈과 음을 알아 보세요.

'패하다, 깨뜨리다' 등을 뜻합니다.
• 상대반의어 : 勝(이길 승), 成(이룰 성)

훈 패할 음 패

🌟 순서에 맞게 敗를 쓰고 훈과 음을 쓰세요.

敗 패할 패	攵(攴)부수	敗 敗 敗 敗 敗 敗 敗 敗 敗 敗 敗 (총 11획)				
		敗	敗	敗	敗	敗
	패할 패					
	패할 패					

🌟 다음 훈음에 맞는 한자를 쓰세요.

패할 패	패할 패	패할 패	패할 패	패할 패	패할 패	패할 패	패할 패
敗							

🌟 빈 칸에 敗를 쓰고 敗가 쓰인 낱말을 읽어 보세요.

勝☐ (승패) : 이기고 짐　　　　　　　　　　　　　(勝 : 이길 승)

☐家亡身 (패가망신) : 집안의 재산을 다 써 없애고 몸을 망침

(家 : 집 가)
(亡 : 망할 망)
(身 : 몸 신)

❀ 다음 한자의 훈과 음을 알아 보세요.

훈 물건 음 품

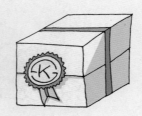

'물건, 품평하다' 등을 뜻합니다.

• 유의어 : 物(물건 물), 件(물건 건)

❀ 순서에 맞게 品을 쓰고 훈과 음을 쓰세요.

品	□부수		品品品品品品品品品 (총 9획)
	品	品	品	品	品
	물건 품			
물건 품				
	물건 품			

❀ 다음 훈음에 맞는 한자를 쓰세요.

물건 품	물건 품	물건 품	물건 품	물건 품	물건 품	물건 품	물건 품
品							

❀ 빈 칸에 品을 쓰고 品이 쓰인 낱말을 읽어 보세요.

☐ 格(품격) : 개인이 지니고 있는 성질과 인격	(格 : 격식 격)
☐ 質(품질) : 물건의 성질과 바탕	(質 : 바탕 질)

🌻 다음 한자의 훈과 음을 알아 보세요.

必

'반드시, 꼭' 등을 뜻합니다.

훈 반드시 음 필

🌻 순서에 맞게 必을 쓰고 훈과 음을 쓰세요.

반드시 필

心부수			必必必必必 (총 5획)	
必	必	必	必	必
반드시 필				
반드시 필				

🌻 다음 훈음에 맞는 한자를 쓰세요.

반드시 필	반드시 필	반드시 필	반드시 필	반드시 필	반드시 필	반드시 필	반드시 필
必							

🌻 빈 칸에 必을 쓰고 必이 쓰인 낱말을 읽어 보세요.

☐ 要(필요) : 꼭 소용이 됨

(要 : 요긴할 요)

☐ 勝(필승) : 반드시 이김

(勝 : 이길 승)

❀ 다음 한자의 훈과 음을 알아 보세요.

筆
훈 붓 음 필

'붓, 쓰다' 등을 뜻합니다.

❀ 순서에 맞게 筆을 쓰고 훈과 음을 쓰세요.

筆
붓 필

竹부수		筆筆筆筆筆筆筆筆筆筆筆筆 (총 12획)		
筆	筆	筆	筆	筆
붓 필				
붓 필				

❀ 다음 훈음에 맞는 한자를 쓰세요.

붓 필	붓 필	붓 필	붓 필	붓 필	붓 필	붓 필	붓 필
筆							

❀ 빈 칸에 筆을 쓰고 筆이 쓰인 낱말을 읽어 보세요.

自 ☐ (자필) : 글씨를 자기 손으로 직접 씀, 또는 그 글씨   (自 : 스스로 자)

☐ 談 (필담) : 말로 뜻이 통하지 않는 사람끼리 글자를 써서 생각을 문답함   (談 : 말씀 담)

☆ 다음 빈 칸에 알맞은 음(音)이나 한자(漢字)를 **보기**에서 찾아 쓰세요.

황희정승은 어리둥절해 하다가 農夫⁽¹⁾(◻︎ ◻︎)의 얼굴에 귀를 가져다 대었습니다. 그러자 농부는 다른⁽²⁾(◻︎) 사람들이 듣지 못하도록 아주 작은 소리로 소근대며 말했습니다.

" 저 누런 소가 훨씬 더 일을 잘 해요. 힘⁽³⁾(◻︎)도 훨씬 세다우."

농부는 다른 한 마리 검정 소의 눈치를 살피며 말했습니다.

황희정승은 농부의 반응을 도무지 이해할 수 없었습니다.

"노인장 그런데 어째서 반드시⁽⁴⁾(◻︎) 귓속말로 알아듣기 어렵게 對答⁽⁵⁾(◻︎ ◻︎)을 하는 것입니까?" 농부는 빙그레 웃으면서 대답했습니다. 〈계속〉

보기   ① 대답   ② 농부   ③ 他   ④ 力   ⑤ 必

1 다음 漢字語의 讀音을 쓰세요.

(1) 石炭   (   )   (2) 品格   (   )

(3) 家宅   (   )   (4) 卓見   (   )

(5) 木板   (   )   (6) 打算   (   )

(7) 自筆   (   )   (8) 必要   (   )

(9) 勝敗   (   )   (10) 他界   (   )

(11) 他地   (   )   (12) 住宅   (   )

(13) 商品   (   )   (14) 敗因   (   )

(15) 必勝   (   )   (16) 食卓   (   )

(17) 筆談   (   )   (18) 打令   (   )

(19) 氷板   (   )   (20) 氷炭   (   )

2 다음 漢字의 訓과 音을 쓰세요.

(1) 他   (   )   (2) 板   (   )

(3) 敗   (   )   (4) 打   (   )

(5) 必   (   )   (6) 宅   (   )

3 다음 밑줄 친 낱말을 漢字로 쓰세요.

(1) 카드 뒷면에 <u>자필</u>로 서명해 주십시오.

(2) <u>빙판</u>길에 미끄러지지 않도록 조심합시다.

(3) 전쟁에 <u>패배</u>하였습니다.

(4) 화력 발전의 원료는 <u>석탄</u>과 석유 등 입니다.

(5) <u>식탁</u>에 음식물을 흘리지 맙시다.

(6) 오, <u>필승</u> 코리아!

(7) 그는 너무 이해<u>타산</u>적인 사람입니다.

(8) <u>타인</u>을 존중해야 합니다.

(9) 마당이 있는 아담한 <u>주택</u>에 살고 싶습니다.

(10) <u>품질</u>이 우수합니다.

4 다음 訓과 音에 맞는 漢字를 쓰세요.

(1) 붓 필   (   )   (2) 높을 탁   (   )

(3) 숯 탄   (   )   (4) 물건 품   (   )

5 다음 漢字와 뜻이 상대 또는 반대되는 漢字를 쓰세요.

例   男 ↔ 女

(1) 勝 ↔ (   )   (2) 自 ↔ (   )

6 다음 ( )에 들어갈 漢字를 〈보기〉에서 골라 그 番號를 쓰세요.

보기   ① 他 ② 亡 ③ 敗 ④ 海

(1) ( )家亡身   (2) ( )山之石

7 다음 漢字와 뜻이 같거나 비슷한 漢字를 골라 그 番號를 쓰세요.

(1) 家 − (① 貴 ② 宅 ③ 雄 ④ 當)

(2) 品 − (① 炭 ② 打 ③ 物 ④ 他)

8 다음 漢字와 음이 같은 漢字를 골라 그 番號를 쓰세요.

(1) 筆 − (① 畫 ② 展 ③ 必 ④ 書)

(2) 他 − (① 宅 ② 打 ③ 室 ④ 種)

9 다음 漢字語의 뜻을 쓰세요.

例   讀音 : ① 글 읽는 소리 ② 한자의 음

(1) 敗者 − ( )   (2) 他人 − ( )

(3) 自宅 − ( )   (4) 勝敗 − ( )

월   일   이름   확인

10 다음 漢字의 略字(획수를 줄인 漢字)를 쓰세요.

例   禮 → 礼

(1) 關 – (   )

11 다음 물음에 답하세요.

(1) 他 ㉠획의 쓰는 순서를 아래에서 골라 번호를 쓰세요.

① 첫 번째   ② 두 번째

③ 세 번째   ④ 네 번째

(2) 品 ㉠획의 쓰는 순서를 아래에서 골라 번호를 쓰세요.

① 여덟 번째   ② 일곱 번째

③ 여섯 번째   ④ 다섯 번째

(3) 打 쓰는 순서가 맞는 것을 아래에서 골라 번호를 쓰세요.

① ㉢ – ㉠ – ㉡ – ㉣ – ㉤

② ㉢ – ㉠ – ㉤ – ㉡ – ㉣

③ ㉠ – ㉢ – ㉡ – ㉣ – ㉤

④ ㉠ – ㉡ – ㉢ – ㉣ – ㉤

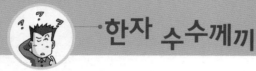

☆ 어떤 한자일까요? 맞춰 보세요.

한 선비가 길을 가고 있었습니다.
어떤 사람이 맞은 편에서 소 등에 짐을 잔뜩 싣고 걸어오고 있었습니다.
선비는 궁금한 마음이 들었습니다.
"이보시오, 노인장. 소에 싣고 가는 그것이 무엇이오?"
하고 물으니 그 노인은 아무말도 하지 않고 소를 몰고 가던 나뭇가지를 들어
서쪽 방향을 가리켰습니다.
"아하!, □이군요."하고 말하니 노인이
"그렇다우."하고 대답했습니다.

"그럼 노인장의 성은 어떻게 되십니까?"
하고 물었습니다.
노인은 역시 아무말도 없이 자기가
손에 쥐고 있던 나무 막대기를 땅에 꽂고
모자를 벗어서 씌우는 것이었습니다.
"오호라, 그럼 성(姓)이 □가시군요."하니
"그렇다우. 안녕히 가시오."
하고 길을 떠났습니다.

여러분, 노인이 싣고 가던 물건과 노인의 성(姓)은 무엇일까요?

해 답

▶ 밤(栗) ▶ 송(宋)

노인이 서쪽(西)을 나뭇(木)가지로 가리키니 西에 木을 합하여 栗(밤 률), 밤을 싣
고 간다는 뜻이고, 나무(木)가지 위에 모자(宀)를 씌워 놓았으니 木에 宀을 합하
여 宋(송나라 송) 송씨가 됩니다.

・栗 : 밤 률(木-총 10획) ・宋 : 송나라 송(宀-총 7획)

5급 ④과정 한자능력검정시험

 河 물 하

 害 해할 해

 湖 호수 호

 患 근심 환

 凶 흉할 흉

 寒 찰 한

 許 허락할 허

 化 될 화

 效 본받을 효

 黑 검을 흑

5급 빨리따기

🌷 다음 한자의 훈과 음을 알아 보세요.

河
훈물 음하

'물, 강' 등을 뜻합니다.

• 유의어 : 江(강 강), 川(내 천)

🌷 순서에 맞게 河를 쓰고 훈과 음을 쓰세요.

河 물 하	氵(水)부수	河河河河河河河河 (총 8획)
	河 河 河 河 河	
	물 하	
	물 하	

🌷 다음 훈음에 맞는 한자를 쓰세요.

물 하	물 하	물 하	물 하	물 하	물 하	물 하	물 하
河							

🌷 빈 칸에 河를 쓰고 河가 쓰인 낱말을 읽어 보세요.

☐川(하천) : 시내, 강

(川 : 내 천)

氷☐(빙하) : 극지방의 수만 년 된 얼음이 쪼개져 경사진 곳으로 흘러 내리는 것

(氷 : 얼음 빙)

	월 일	확인
이름		

🌸 다음 한자의 훈과 음을 알아 보세요.

寒

훈찰 음한

'차다, 식히다' 등을 뜻합니다.

• 상대반의어 : 熱(더울 열), 溫(따뜻할 온)
• 유의어 : 冷(찰 랭)

🌸 순서에 맞게 寒을 쓰고 훈과 음을 쓰세요.

寒 찰 한	↑부수	寒寒寒寒寒寒寒寒寒寒寒寒 (총 12획)
	寒	寒　　寒　　寒　　寒　　寒
	찰 한	
	찰 한	

🌸 다음 훈음에 맞는 한자를 쓰세요.

찰 한	찰 한	찰 한	찰 한	찰 한	찰 한	찰 한	찰 한
寒							

🌸 빈 칸에 寒을 쓰고 寒이 쓰인 낱말을 읽어 보세요.

三☐四溫(삼한사온) :	겨울철에 우리 나라와 중국 동북부 등지에서 3일 가량 춥고, 다음 4일 가량은 따뜻한 날 씨가 이어지는 주기적인 기후 현상	(三 : 석 삼) (四 : 넉 사) (溫 : 따뜻할 온)
☐冷(한랭) :	기온이 낮고 매우 추움	(冷 : 찰 랭)

🌸 다음 한자의 훈과 음을 알아 보세요.

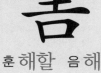

害

훈 해할 음 해

'해치다, 손해' 등을 뜻합니다.
• 상대반의어 : 利(이로울 리)

🌸 순서에 맞게 害를 쓰고 훈과 음을 쓰세요.

害	ㅗ부수	害害害害害害害害害害 (총 10획)
해할 해	害 해할 해	害　　害　　害　　害
	해할 해	

🌸 다음 훈음에 맞는 한자를 쓰세요.

해할 해	해할 해	해할 해	해할 해	해할 해	해할 해	해할 해	해할 해
害							

🌸 빈 칸에 害를 쓰고 害가 쓰인 낱말을 읽어 보세요.

[　]惡(해악) : 해로움과 악함　　　　　　　　　　(惡 : 악할 악/미워할 오)

利[　](이해) : 이익과 손해　　　　　　　　　　　(利 : 이로울 리)

월	일	확인
이름		

❀ 다음 한자의 훈과 음을 알아 보세요.

훈 허락할 음 허

'허락하다, 승인하다' 등을 뜻합니다.

❀ 순서에 맞게 許를 쓰고 훈과 음을 쓰세요.

言부수	許許許許許許許許許許許 (총 11획)

許

허락할 허

許	許	許	許	許
허락할 허				
허락할 허				

❀ 다음 훈음에 맞는 한자를 쓰세요.

허락할 허	허락할 허	허락할 허	허락할 허	허락할 허	허락할 허	허락할 허	허락할 허
許							

❀ 빈 칸에 許를 쓰고 許가 쓰인 낱말을 읽어 보세요.

☐ 可(허가) : 허락함

(可 : 옳을 가)

特 ☐ (특허) : ① 특별히 허가함 ② 어떤 사람의 발명품에 대하여 그 사람에게 특정한 권리를 주는 행정행위

(特 : 특별할 특)

월   일
이름   확인

🌱 다음 한자의 훈과 음을 알아 보세요.

湖

'호수, 못' 등을 뜻합니다.

훈 호수 음 호

🌱 순서에 맞게 湖를 쓰고 훈과 음을 쓰세요.

湖 호수 호	氵(水)부수	湖湖湖湖湖湖湖湖湖湖湖湖 (총 12획)
	湖 湖 湖 湖 湖	
	호수 호	
	호수 호	

🌱 다음 훈음에 맞는 한자를 쓰세요.

호수 호	호수 호	호수 호	호수 호	호수 호	호수 호	호수 호	호수 호
湖							

🌱 빈 칸에 湖를 쓰고 湖가 쓰인 낱말을 읽어 보세요.

[   ]水(호수) : 육지에 둘러 싸이고 맑은 물이 괴어 있는 곳   (水 : 물 수)

江[   ](강호) : ①강과 호수 ②세상을 비유하여 이르는 말   (江 : 강 강)

破 竹 之 勢 (파죽지세)

깨트릴 **파**　　대 **죽**　　어조사 **지**　　기세 **세**

'대나무(竹)를 쪼개는(破) 기세(勢)'라는 말로 **맹렬한 기세로 적군을 무찌르는 것을** 비유합니다. 진(晉)나라의 무제가 두예에게 오(吳)나라를 공격할 것을 명했습니다. 이 때 한 장수가 오나라 공격을 반대하고 나서자 '지금 아군의 사기는 마치 대나무를 쪼개는 기세요. 대나무란 처음 두 세 마디만 쪼개면 그 다음부터는 칼날이 닿기만 해도 저절로 쪼개지는 법이니 이런 좋은 기회를 버릴 수 없소' 하고 대답한데서 유래되었습니다.

🌼 다음 한자의 훈과 음을 알아 보세요.

化  =  '되다, 따르다' 등을 뜻합니다.

훈 될 음 화

🌼 순서에 맞게 化를 쓰고 훈과 음을 쓰세요.

化	ヒ부수				化化化化 (총 4획)
	化	化	化	化	化
	될 화				
될 화					
	될 화				

🌼 다음 훈음에 맞는 한자를 쓰세요.

될화	될화	될화	될화	될화	될화	될화	될화
化							

🌼 빈 칸에 化를 쓰고 化가 쓰인 낱말을 읽어 보세요.

教 ☐ (교화) : 가르쳐 변화시킴   (教 : 가르칠 교)

☐ 合 (화합) : 두 가지 이상의 물질이 합하여 새로운 물질이 됨   (合 : 합할 합)

🌼 다음 한자의 훈과 음을 알아 보세요.

患

훈 근심 음 환

'**근심, 병**' 등을 뜻합니다.

🌼 순서에 맞게 患을 쓰고 훈과 음을 쓰세요.

患

근심 환

心부수		患患患患患患患患患患患 (총 11획)		
患	患	患	患	患
근심 환				
근심 환				

🌼 다음 훈음에 맞는 한자를 쓰세요.

근심 환	근심 환	근심 환	근심 환	근심 환	근심 환	근심 환	근심 환
患							

🌼 빈 칸에 患을 쓰고 患이 쓰인 낱말을 읽어 보세요.

後　　(후환) : 어떤 일로 말미암아 뒷날에 생기는 걱정이나 근심　　(後 : 뒤 후)

　　者(환자) : 병을 앓는 사람　　(者 : 놈 자)

🌸 다음 한자의 훈과 음을 알아 보세요.

効

훈 본받을 음 효

'**본받다, 나타나다**' 등을 뜻합니다.

🌸 순서에 맞게 効를 쓰고 훈과 음을 쓰세요.

効 본받을 효	攵(攴)부수	効効効効効効効効効効 (총 10획)			
	効	効	効	効	効
	본받을 효				
	본받을 효				

🌸 다음 훈음에 맞는 한자를 쓰세요.

본받을 효	본받을 효	본받을 효	본받을 효	본받을 효	본받을 효	본받을 효	본받을 효
効							

🌸 빈 칸에 効를 쓰고 効가 쓰인 낱말을 읽어 보세요.

無□ (무효) : 효력이 없음　(無 : 없을 무)

□用 (효용) : ① 효험 ② 물건의 용도　(用 : 쓸 용)

	월 일	확인
이름		

✿ 다음 한자의 훈과 음을 알아 보세요.

훈 흉할 음 흉

'흉하다, 재앙' 등을 뜻합니다.

• 상대반의어 : 吉(길할 길)

✿ 순서에 맞게 凶을 쓰고 훈과 음을 쓰세요.

凶
흉할 흉

ㄴ 부수				凶凶凶凶 (총 4획)
凶	凶	凶	凶	凶
흉할 흉				
흉할 흉				

✿ 다음 훈음에 맞는 한자를 쓰세요.

흉할 흉	흉할 흉	흉할 흉	흉할 흉	흉할 흉	흉할 흉	흉할 흉	흉할 흉
凶							

✿ 빈 칸에 凶을 쓰고 凶이 쓰인 낱말을 읽어 보세요.

吉◻(길흉) : 좋은 일과 나쁜 일   (吉 : 길할 길)

◻年(흉년) : 농작물이 잘 되지 않은 해   (年 : 해 년)

🌸 다음 한자의 훈과 음을 알아 보세요.

黑

훈 검을 음 흑

'검다, 어둡다' 등을 뜻합니다.
• 상대반의어 : 白(흰 백)

🌸 순서에 맞게 黑을 쓰고 훈과 음을 쓰세요.

黑 검을 흑	黑부수	黑黑黑黑黑黑黑黑黑黑黑黑 (총 12획)				
	黑	黑	黑	黑	黑	
	검을 흑					
	검을 흑					

🌸 다음 훈음에 맞는 한자를 쓰세요.

검을 흑	검을 흑	검을 흑	검을 흑	검을 흑	검을 흑	검을 흑	검을 흑
黑							

🌸 빈 칸에 黑을 쓰고 黑이 쓰인 낱말을 읽어 보세요.

☐ 白(흑백) : 검은 빛과 흰 빛   (白 : 흰 백)

☐ 心(흑심) : 음흉하고 부정한 욕심이 많은 마음   (心 : 마음 심)

☆ 다음 빈 칸에 알맞은 음(音)이나 한자(漢字)를 **보기**에서 찾아 쓰세요.

"젊은 선비님, 그 이유가 궁금하오?"

"그것은 아무리 짐승이래도 남보다 못하다는 말을 들으면 서운한 것은 사람이나 짐승이나 마찬가지가 아니겠소?"

황희정승은 그제서야 무릎을 탁! 치며(⁽¹⁾□) 감탄을 했습니다.

"그렇군요. 저 검정(⁽²⁾□) 소도 생각과 感情(⁽³⁾□□)이 있으니 자기에게

해(⁽⁴⁾□)가 되는 소리를 들으면 근심(⁽⁵⁾□)하는 것이 당연한 理致(⁽⁶⁾□

□)이군요. 정말로 높으신(⁽⁷⁾□) 생각이십니다."

황희정승은 이렇게 작은 일에도 자신보다 못한 처지의 사람들에게서도 배우는 것을 게을리하지 않는 겸손한 분이었다고 전해집니다. 〈끝〉

보기 ① 감정 ② 이치 ③ 黑 ④ 打 ⑤ 患 ⑥ 卓 ⑦ 害

월   일 이름   확인

1 다음 漢字語의 讀音을 쓰세요.

(1) 寒氣   (   )   (2) 湖水   (   )

(3) 特許   (   )   (4) 化合   (   )

(5) 害惡   (   )   (6) 效用   (   )

(7) 江湖   (   )   (8) 吉凶   (   )

(9) 後患   (   )   (10) 黑心   (   )

(11) 無效   (   )   (12) 許可   (   )

(13) 河川   (   )   (14) 利害   (   )

(15) 凶年   (   )   (16) 敎化   (   )

(17) 寒冷   (   )   (18) 山河   (   )

(19) 患者   (   )   (20) 黑板   (   )

2 다음 漢字의 訓과 音을 쓰세요.

(1) 患   (   )   (2) 效   (   )

(3) 湖   (   )   (4) 化   (   )

(5) 黑   (   )   (6) 凶   (   )

3 다음 밑줄 친 낱말을 漢字로 쓰세요.

(1) 올해 벼농사는 흉작입니다.

(2) 공룡 화석이 발견되었습니다.

(3) 흑판에 떠든 사람 이름이 적혀 있습니다.

(4) 출입이 허가 되었습니다.

(5) 과연 약효가 있는지 궁금합니다.

(6) 오염된 하천을 살립시다.

(7) 이해를 분명하게 따져봐야 합니다.

(8) 강호의 고수들이 한 곳에 모였습니다.

(9) 갑자기 한기가 느껴졌습니다.

(10) 이웃집 아저씨께서 병환으로 자리에 누우셨습니다.

4 다음 訓과 흡에 맞는 漢字를 쓰세요.

(1) 물 하　　(　　　　　　)　　(2) 허락할 허　(　　　　　　)

(3) 해할 해　(　　　　　　)　　(4) 찰 한　　(　　　　　　)

5 다음 漢字와 뜻이 상대 또는 반대되는 漢字를 쓰세요.

| 例 | 男 ↔ 女 |

(1) 黑 ↔ (　　　　)　　(2) 吉 ↔ (　　　　)

(3) 寒 ↔ (　　　　)　　(4) 害 ↔ (　　　　)

6 다음 ( )에 들어갈 漢字를 〈보기〉에서 골라 그 番號를 쓰세요.

> 보기 　①害　②寒　③善　④凶

(1) 利( )打算　　　　(2) 三( )四溫

7 다음 漢字와 뜻이 같거나 비슷한 漢字를 골라 그 番號를 쓰세요.

(1) 寒 – (① 家　② 冷　③ 熱　④ 情)

(2) 河 – (① 江　② 陸　③ 土　④ 淸)

8 다음 漢字와 음이 같은 漢字를 골라 그 番號를 쓰세요.

(1) 河 – (① 夏　② 川　③ 淸　④ 活)

(2) 化 – (① 手　② 和　③ 傳　④ 休)

(3) 效 – (① 訓　② 交　③ 孝　④ 位)

9 다음 漢字語의 뜻을 쓰세요.

> 例 　讀音 : ① 글 읽는 소리　② 한자의 음

(1) 黑白 – (　　　　　)　(2) 吉凶 – (　　　　　　　)

(3) 患者 – (　　　　　)　(4) 無效 – (　　　　　　　)

10 다음 漢字의 略字(획수를 줄인 漢字)를 쓰세요.

> **例** | 禮 → 礼

(1) 價 – (   )

11 다음 물음에 답하세요.

(1)  ㉠획의 쓰는 순서를 아래에서 골라 번호를 쓰세요.

① 다섯 번째   ② 여섯 번째

③ 일곱 번째   ④ 여덟 번째

(2)  ㉠획의 쓰는 순서를 아래에서 골라 번호를 쓰세요.

① 네 번째   ② 다섯 번째

③ 여섯 번째   ④ 일곱 번째

(3)  쓰는 순서가 맞는 것을 아래에서 골라 번호를 쓰세요.

① ㉡ – ㉠ – ㉢ – ㉢

② ㉠ – ㉡ – ㉢ – ㉢

③ ㉢ – ㉢ – ㉡ – ㉠

④ ㉠ – ㉡ – ㉢ – ㉢

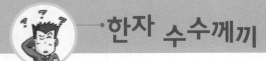

☆ 어떤 한자일까요? 맞춰 보세요.

김삿갓이 친구 집에 놀러 갔을 때의 일입니다.
친구와 이런저런 이야기를 나누다 보니 어느덧 저녁때가 되어 시장기를 느끼게 되었습니다.
그런데도 친구의 집에서는 저녁상을 내올 기미를 보이지 않았습니다.
잠시 후,
친구의 며느리가 방문을 두드리며 말했습니다.
"아버님, 人良卜一할까요?"하고 물으니
"흠, 아니다. 月月山山커든 하여라."하고 대답을 하였습니다.
이를 듣고 있던 김삿갓이
"丁口竹夭로다."하였습니다.

이들이 나눈 대화는 무슨 뜻일까요?

해답

人良卜一을 합하면 食上, 즉 밥을 올릴까요?
月月山山을 합하면 朋出, 즉 벗이 나가거든, 丁口竹夭를 합하면, 可笑 즉 가소롭구나!

- 食 : 먹을/밥 식(食-총 9획)
- 良 : 어질 량(艮-총 7획)
- 朋 : 벗 붕(月-총 8획)
- 笑 : 웃을 소(竹-총 10획)
- 夭 : 어릴 요(夭-총 4획)
- 卜 : 점 복(卜-총 2획)

부 록

모양이 비슷한 한자
모양은 비슷하지만
서로 다른 훈음을 지닌 한자입니다.

일자다음어
하나의 한자가 여러 개의
훈음을 지니고 있는 한자입니다.

약자
복잡한 한자의 획수를 줄여 간단하게 쓰는 한자 입니다.

사자성어
네 자로 이루어진 고사, 신화, 전설, 역사 등에서
나온 말로 교훈, 경구, 비유, 상징 등에
쓰이는 관용어를 말합니다.

월   일 이름   확인

다음 漢字를 읽어 보고 알맞은 訓이나 숍을 쓰세요.

1.
主 주인 주
住 ____ 주
注 부을 주

2.
老 늙을 로
孝 효도 효
者 놈 ___

3.
問 물을 문
間 사이 ___
聞 들을 문

4.
母 어미 모
每 ___ 매
海 바다 해

5.
作 지을 작
昨 ___ 작

6.
由 말미암을 유
油 ___ 유

7.
樂 즐거울 락/좋아할 요/풍류 악
藥 약 ___

8.
小 작을 소
少 적을 소

9.
午 ___ 오
牛 소 우

10.
賣 ___ 매
買 살 매

11.
重 ___ 중
動 움직일 동

12.
同 한가지 동
洞 고을 동/통찰할 통

해답 1. 살 2. 자 3. 간 4. 매양 5. 어제 6. 기름 7. 약 9. 낮 10. 팔 11. 무거울

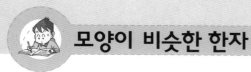
💡 다음 漢字를 읽어 보고 알맞은 訓이나 音을 쓰세요.

1.
書 글 서
畫 ___ 주
畵 그림 화/그을 획

2.
靑 푸를 청
淸 ___ 청
情 뜻 ___

3.
白 흰 백
百 일백 백
自 스스로 자

4.
古 예 고
苦 쓸 고
固 ___ 고

5.
名 이름 명
各 ___ 각

6.
弟 아우 제
第 ___ 제

7.
氷 얼음 ___
永 길 영

8.
建 세울 건
健 ___ 건

9.
束 ___ 속
速 빠를 속

10.
堂 집 당
當 마땅 당

11.
士 선비 사
仕 ___ 사

12.
魚 물고기 어
漁 ___ 어

해답 1. 낮 2. 맑을, 정 4. 굳을 5. 각각 6. 차례 7. 빙 8. 굳셀 9. 묶을 11. 섬길 12. 고기잡을

💡 다음 漢字를 읽어 보고 알맞은 音을 쓰세요.

1. 車	수레 거	人力車			
	수레 차	自動車	자	동	차

2. 金	쇠 금	金曜日	금	요	일
	성 김	金氏			

3. 省	덜 생	省略	생	략
	살필 성	反省		

▶ 略 : 간략할/약할 략

4. 便	편할 편	便利		
	똥오줌 변	便所	변	소

5. 行	다닐 행	行動		
	항렬 항	行列		

6. 北	북녘 북	南北	남	북
	달아날 배	敗北		

7. 畫	그림 화	畫家	화	가
	그을 획	區畫(劃)		

8. 切	끊을 절	親切	친	절
	온통 체	一切		

▶ 一切 : '일절' 로도 읽힙니다.

9. 度	법도 도	法度	법	도
	헤아릴 탁	度量		

▶ 度量 : '도량' 으로도 읽힙니다.

10. 惡	악할 악	善惡		
	미워할 오	憎惡		

▶ 憎 : 미워할 증

해답 1. 인력거 2. 김씨 3. 반성 4. 편리 5. 행동, 항렬 6. 패배 7. 구획 8. 일체 9. 탁량 10. 선악, 증오

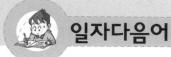
💡다음 漢字를 읽어 보고 알맞은 音을 쓰세요.

1. 洞

| 고을 동 | 洞里 | 동 | 리 |
| 밝을 통 | 洞察 | | |

▶ 察 : 살필 찰

2. 讀

| 읽을 독 | 讀書 | | |
| 구절 두 | 句讀 | 구 | 두 |

▶ 句 : 글귀 구

3. 宿

| 잘 숙 | 宿所 | | |
| 별자리 수 | 星宿 | 성 | 수 |

▶ 星 : 별 성

4. 識

| 알 식 | 知識 | | |
| 기록할 지 | 標識 | | |

▶ 標 : 표할 표

5. 參

| 석 삼 | 參千里 | 삼 | 천 | 리 |
| 참여할 참 | 參席 | | |

6. 則

| 법칙 칙 | 法則 | | |
| 곧 즉 | 然則 | 연 | 즉 |

7. 樂

즐거울 락	樂園	낙	원
풍류 악	音樂	음	악
좋아할 요	樂山樂水		

8. 說

말씀 설	說明	설	명
기쁠 열	說樂	열	락
달랠 세	說客		

9. 宅

| 집 택 | 住宅 | 주 | 택 |
| 집 댁 | 宅內 | | |

해답 1. 통찰 2. 독서 3. 숙소 4. 지식, 표지 5. 참석 6. 법칙 7. 요산요수 8. 세객 9. 댁내

💡 다음 漢字의 略字를 쓰세요.

價	価	価		擧	拳	舉	
값 가				들 거			

輕	軽	軽		觀	覌	覌	観
가벼울 경				볼 관			

關	関	関		廣	広	広	
관계할 관				넓을 광			

區	区	区		舊	旧	旧	
구분할 구				예 구			

國	国	国		氣	気	気	
나라 국				기운 기			

團	団	団		當	当	当	
둥글 단				마땅 당			

對	対	対		圖	図	図	
대할 대				그림 도			

獨	独	独		讀	読	読	
홀로 독				읽을 독/구두 두			

樂	楽	楽		來	来	来	
즐길 락/풍류 악/좋아할 요				올 래			

💡 다음 漢字의 略字를 쓰세요.

| 禮 | 礼 | 礼 | |
| 예도 레 | | | |

| 萬 | 万 | 万 | |
| 일만 만 | | | |

| 無 | 无 | 无 | |
| 없을 무 | | | |

| 變 | 変 | 変 | |
| 변할 변 | | | |

| 船 | 舩 | 舩 | |
| 배 선 | | | |

| 實 | 実 | 実 | |
| 열매 실 | | | |

| 惡 | 悪 | 悪 | |
| 악할 악/미워할 오 | | | |

| 溫 | 温 | 温 | |
| 따뜻할 온 | | | |

| 醫 | 医 | 医 | |
| 의원 의 | | | |

| 勞 | 労 | 労 | |
| 일할 로 | | | |

| 賣 | 売 | 売 | |
| 팔 매 | | | |

| 發 | 発 | 発 | |
| 필 발 | | | |

| 寫 | 写 | 写 | 寫 |
| 베낄 사 | | | |

| 數 | 数 | 数 | |
| 셈할 수 | | | |

| 兒 | 児 | 児 | |
| 아이 아 | | | |

| 藥 | 薬 | 薬 | |
| 약 약 | | | |

| 遠 | 遠 | 遠 | |
| 멀 원 | | | |

| 爭 | 争 | 争 | |
| 다툴 쟁 | | | |

다음 漢字의 略字를 쓰세요.

傳	伝	伝		戰	战	戦	
전할 전				싸움 전			

定	㝎	㝎		卒	卆	卆	
정할 정				마칠 졸			

晝	昼	昼		質	质	质	
낮 주				바탕 질			

參	参	参		鐵	鉄	鉄	
참여할 참/석 삼				쇠 철			

體	体	体		學	学	学	
몸 체				배울 학			

號	号	号		畫	画	画	
이름 호				그림 화/그을 획			

會	会	会	
모일 회			

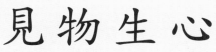 다음 四字成語를 읽고 따라 쓰세요.

見	物	生	心	見	物	生	心
볼 견	물건 물	날 생	마음 심				

어떤 물건을 보았을 때 갖고 싶은 욕심이 생기는 것으로, 소유욕을 경계하라는 뜻이 내포됨.

交	友	以	信	交	友	以	信
사귈 교	벗 우	써 이	믿을 신				

세속오계의 하나로 벗은 믿음으로써 사귀어야 함을 이름.

九	死	一	生	九	死	一	生
아홉 구	죽을 사	한 일	날 생				

죽을 고비를 여러 차례 겪고 겨우 살아남.

君	子	三	樂	君	子	三	樂
임금 군	아들 자	석 삼	즐길 락				

군자의 세 가지 즐거움이란 첫째, 부모가 모두 살아 계시고 형제가 무고한 것 둘째, 하늘을 우러러 부끄럼 없는 것 셋째, 천하의 영재를 얻어 교육하는 것을 뜻함.

東	問	西	答	東	問	西	答
동녘 동	물을 문	서녘 서	대답할 답				

동쪽을 물으니 서쪽을 답한다는 뜻으로 물음에 대하여 엉뚱한 대답을 함.

馬	耳	東	風	馬	耳	東	風
말 마	귀 이	동녘 동	바람 풍				

말 귀에 부는 동쪽 바람. 남의 말을 전혀 귀담아 듣지 아니함을 비유한 말.

💡 다음 四字成語를 읽고 따라 쓰세요.

聞 一 知 十
들을 문　한 일　알 지　열 십

하나를 듣고서 열 가지를 미루어 안다는 뜻으로, 매우 총명한 사람을 일컬어 말함.

門 前 成 市
문 문　앞 전　이룰 성　저자 시

문 앞이 시장처럼 사람들로 가득 참. 권세가나 부잣집에 방문객이 많아 붐빔.

百 年 河 清
일백 백　해 년　물 하　맑을 청

황하강의 물이 맑기를 무작정 기다린다는 뜻으로, 아무리 기다려도 실현될 수 없는 일을 비유함.

白 面 書 生
흰 백　낯 면　글 서　날 생

글만 읽어 세상의 물정을 모르는 사람을 일컬음

百 發 百 中
일백 백　필/쏠 발　일백 백　가운데 중

백 번 쏘아 백 번 다 맞힘. 계획한 일마다 실패 없이 잘 됨.

氷 山 一 角
얼음 빙　메 산　한 일　뿔 각

아주 많은 것 중의 조그마한 부분을 뜻함.

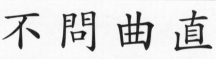 다음 四字成語를 읽고 따라 쓰세요.

不	問	曲	直	不	問	曲	直
아닐 불	물을 문	굽을 곡	곧을 직				

옳고 그른 것을 묻지 않음.

身	土	不	二	身	土	不	二
몸 신	흙 토	아닐 불	두 이				

몸과 흙은 둘이 아님. 즉 자기가 사는 땅에서 나는 산물이 자기 몸에 맞음.

耳	目	口	鼻	耳	目	口	鼻
귀 이	눈 목	입 구	코 비				

귀·눈·입·코를 통틀어 이르는 말. 얼굴 생김새를 뜻함.

以	心	傳	心	以	心	傳	心
써 이	마음 심	전할 전	마음 심				

마음과 마음으로 뜻을 전함.

人	命	在	天	人	命	在	天
사람 인	목숨 명	있을 재	하늘 천				

사람의 목숨은 하늘에 달려 있음.

一	日	三	省	一	日	三	省
한 일	날 일	석 삼	살필 성				

하루에 세 가지 일로 자신을 되돌아 보고 성찰 함.

💡 다음 四字成語를 읽고 따라 쓰세요.

作	心	三	日
지을 작	마음 심	석 삼	날 일

마음 먹은 일이 3일을 가지 못함. 결심이 굳지 못함을 빗대어 이르는 말

朝	變	夕	改
아침 조	변할 변	저녁 석	고칠 개

아침에 변한 것을 저녁에 고침. 즉 일관성 없이 자주 고치는 일을 말함.

草	綠	同	色
풀 초	푸를 록	같을 동	빛 색

서로 같은 처지나 같은 류의 사람들끼리 함께 행동 함.

他	山	之	石
다를 타	메 산	어조사 지	돌 석

다른 사람의 하찮은 언행도 자신의 인격과 지식을 쌓는데 도움이 됨.

百	戰	百	勝
일백 백	싸움 전	일백 백	이길 승

백 번 싸워 백 번 모두 이김. 싸울 때마다 승리함.

父	傳	子	傳
아비 부	전할 전	아들 자	전할 전

대대로 아버지가 아들에게 전함.

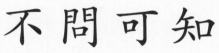 다음 四字成語를 읽고 따라 쓰세요.

| 不 問 可 知 | 不 | 問 | 可 | 知 |
| 아닐 불　물을 문　옳을 가　알 지 | | | | |

묻지 않아도 알 수 있는 당연한 일을 가리킴.

| 不 遠 千 里 | 不 | 遠 | 千 | 里 |
| 아닐 불　멀 원　일천 천　마을 리 | | | | |

천리 길도 멀다하지 않고 찾아 옴.

| 四 面 楚 歌 | 四 | 面 | 楚 | 歌 |
| 넉 사　낯 면　초나라 초　노래 가 | | | | |

사방에서 모두 초나라의 노래 소리만 들림. 외롭고 곤란한 지경에 빠졌음을 나타냄.

| 漁 夫 之 利 | 漁 | 夫 | 之 | 利 |
| 고기잡을 어　지아비 부　어조사 지　이로울 리 | | | | |

조개와 새가 다투고 있는 동안 어부가 둘 모두를 잡아 감. 즉 제 3자가 취하는 이익을 비유하여 이르는 말.

| 言 中 有 骨 | 言 | 中 | 有 | 骨 |
| 말씀 언　가운데 중　있을 유　뼈 골 | | | | |

말 속에 뼈가 있음. 예사로운 말 속에 깊은 속 뜻이 있음을 이르는 말.

| 樂 山 樂 水 | 樂 | 山 | 樂 | 水 |
| 좋아할 요　메 산　좋아할 요　물 수 | | | | |

산을 좋아하고 물을 좋아함. 知者樂水 仁者樂山의 줄임말로 지혜로운 이는 물을 좋아하고, 어진이는 산을 좋아함.

💡 다음 四字成語를 읽고 따라 쓰세요.

有	口	無	言
있을 유	입 구	없을 무	말씀 언

입은 있으나 말은 없음. 변명이나 항변할 말이 없음을 이르는 말.

自	問	自	答
스스로 자	물을 문	스스로 자	대답할 답

스스로 묻고 스스로 대답함.

自	手	成	家
스스로 자	손 수	이룰 성	집 가

물려받은 재산이 없이 자기 혼자의 힘으로 집안을 일으키고 재산을 모음.

電	光	石	火
번개 전	빛 광	돌 석	불 화

번갯돌이나 부싯돌의 불이 번쩍거리는 것과 같이 매우 짧은 시간이나 재빠른 움직임을 이름.

先	見	之	明
먼저 선	볼 견	어조사 지	밝을 명

사건이 일어나기 전에 미리 아는 밝은 지혜나 안목

水	魚	之	交
물 수	고기/물고기 어	어조사 지	사귈 교

물과 물고기의 사귐. 변하지 않는 깊은 우정을 이르는 말.

해답

이야기로 익히는 한자 1(19p)

(1) ⑥ (2) ② (3) ③ (4) ④ (5) ⑤ (6) ①

제 1회 기출 및 예상 문제 (20p~23p)

❶ (1) 절약 (2) 애정 (3) 법전 (4) 전망
　(5) 일체/일절 (6) 조작 (7) 곡조 (8) 정전
　(9) 본점 (10) 전기 (11) 절전 (12) 구전
　(13) 고전 (14) 발전 (15) 조심 (16) 조사
　(17) 정감 (18) 서점 (19) 정학 (20) 절감

❷ (1) 펼 전　　(2) 뜻 정　　(3) 마디 절
　(4) 가게 점　(5) 머무를 정　(6) 잡을 조

❸ (1) 操心　(2) 分店　(3) 切感　(4) 愛情
　(5) 展示會　(6) 停年　(7) 曲調　(8) 古典
　(9) 傳說　(10) 節約

❹ (1) 典 (2) 調 (3) 傳 (4) 切

❺ (1) 客　　❻ (1) ①　　❼ (1) ② (2) ①

❽ (1) ③ (2) ② (3) ④

❾ (1) 사물의 내용을 자세히 살펴 알아봄
　(2) 멀리 바라봄 (3) 전기를 아껴씀
　(4) 책을 파는 가게

❿ (1) 伝

⓫ (1) ④ (2) ③ (3) ①

이야기로 익히는 한자 2(37p)

(1) ④ (2) ① (3) ② (4) ⑤ (5) ⑥ (6) ⑦ (7) ③

제 2회 기출 및 예상 문제 (38p~41p)

❶ (1) 정지 (2) 도착 (3) 종류 (4) 죄악
　(5) 졸병 (6) 인질 (7) 전주 (8) 지식
　(9) 종말 (10) 주말 (11) 죄명 (12) 중지
　(13) 착석 (14) 변질 (15) 구주 (16) 졸업
　(17) 종목 (18) 매주 (19) 시종 (20) 지능

❷ (1) 마칠 종　　(2) 고을 주　　(3) 붙을 착
　(4) 알 지　　(5) 마칠 졸　　(6) 바탕 질

❸ (1) 種類 (2) 每週 (3) 全州 (4) 知能
　(5) 罪人 (6) 變質 (7) 停止 (8) 終結

❹ (9) 卒業 (10) 到着

❹ (1) 止 (2) 週 (3) 種 (4) 罪

❺ (1) 終, 卒, 末 (2) 着

❻ (1) ③ (2) ②

❼ (1) ② (2) ③ (3) ①

❽ (1) ② (2) ④ (3) ④

❾ (1) 학교에서 규정한 공부를 마침
　(2) 직감적으로 느껴서 앎 (3) 자리에 앉음
　(4) 한 주일의 끝

❿ (1) 卒 (2) 質

⓫ (1) ③ (2) ① (3) ②

이야기로 익히는 한자 3(55p)

(1) ① (2) ③ (3) ② (4) ⑤ (5) ⑦ (6) ④ (7) ⑥

제 3회 기출 및 예상 문제 (56p~59p)

❶ (1) 가창 (2) 축복 (3) 일치 (4) 책임
　(5) 철교 (6) 최선 (7) 참석 (8) 시초
　(9) 철칙 (10) 충분 (11) 책망 (12) 독창
　(13) 참전 (14) 축가 (15) 최고 (16) 충실
　(17) 초등 (18) 반칙 (19) 법칙 (20) 치명

❷ (1) 처음 초 (2) 참여할 참/석 삼
　(3) 가장 최 (4) 채울 충 (5) 부를 창
　(6) 이를 치

❸ (1) 初面 (2) 合唱 (3) 充分 (4) 祝歌
　(5) 反則 (6) 一致 (7) 參席 (8) 責任
　(9) 最善 (10) 鐵道

❹ (1) 鐵 (2) 則 (3) 責 (4) 祝

❺ (1) 末, 終, 卒　　❻ (1) ③

❼ (1) ② (2) ① (3) ③　　❽ (1) ① (2) ①

❾ (1) 모임에 참여함 (2) 가장 높음
　(3) 맨 처음 (4) 축하의 뜻으로 부르는 노래

❿ (1) 参 (2) 鉄

⓫ (1) ④ (2) ④ (3) ②

해답

이야기로 익히는 한자 4(73p)

(1) ② (2) ③ (3) ④ (4) ⑤ (5) ①

제 4회 기출 및 예상 문제 (74p~77p)

❶ (1) 석탄　(2) 품격　(3) 가택　(4) 탁견
　(5) 목판　(6) 타산　(7) 자필　(8) 필요
　(9) 승패　(10) 타계　(11) 타지　(12) 주택
　(13) 상품　(14) 패인　(15) 필승　(16) 식탁
　(17) 필담　(18) 타령　(19) 빙판　(20) 빙탄

❷ (1) 다를 타　(2) 널 판　　　(3) 패할 패
　(4) 칠 타　(5) 반드시 필　(6) 집 택(댁)

❸ (1) 自筆　(2) 氷板　(3) 敗北　(4) 石炭
　(5) 食卓　(6) 必勝　(7) 打算　(8) 他人
　(9) 住宅　(10) 品質

❹ (1) 筆　(2) 卓　(3) 炭　(4) 品

❺ (1) 敗　(2) 他

❻ (1) ③　(2) ①

❼ (1) ②　(2) ③

❽ (1) ③　(2) ②

❾ (1) 싸움이나 경기에 진 사람
　(2) 다른 사람　(3) 자기의 집
　(4) 이기고 짐

❿ (1) 関

⓫ (1) ③　(2) ①　(3) ②

이야기로 익히는 한자 5(91p)

(1) ④ (2) ③ (3) ① (4) ⑦ (5) ⑤ (6) ② (7) ⑥

제 5회 기출 및 예상 문제 (92p~95p)

❶ (1) 한기　(2) 호수　(3) 특허　(4) 화합
　(5) 해악　(6) 효용　(7) 강호　(8) 길흉
　(9) 후환　(10) 흑심　(11) 무효　(12) 허가
　(13) 하천　(14) 이해　(15) 흉년　(16) 교화
　(17) 한랭　(18) 산하　(19) 환자　(20) 흑판

❷ (1) 근심 환　(2) 본받을 효　(3) 호수 호
　(4) 될 화　　(5) 검을 흑　　(6) 흉할 흉

❸ (1) 凶作　(2) 化石　(3) 黑板　(4) 許可
　(5) 藥效　(6) 河川　(7) 利害　(8) 江湖
　(9) 寒氣　(10) 病患

❹ (1) 河　(2) 許　(3) 害　(4) 寒

❺ (1) 白　(2) 凶　(3) 熱, 溫　(4) 利

❻ (1) ①　(2) ②

❼ (1) ②　(2) ①

❽ (1) ①　(2) ②　(3) ③

❾ (1) 검은 빛과 흰 빛　(2) 좋은 일과 나쁜 일
　(3) 병을 앓는 사람　(4) 효력이 없음

❿ (1) 価

⓫ (1) ④　(2) ④　(3) ①

제1회 모의 한자능력 검정시험

1. 도착
2. 종류
3. 친절
4. 전설
5. 서점
6. 매주
7. 충분
8. 책망
9. 고전
10. 품격
11. 필승
12. 흉년
13. 자필
14. 참석
15. 발전
16. 감지
17. 법전
18. 자택
19. 절약
20. 졸업
21. 본점
22. 충족
23. 해악
24. 착석
25. 효용
26. 전망
27. 품질
28. 필요
29. 구전
30. 종족
31. 절감
32. 책임
33. 병졸
34. 참전
35. 절전
36. 고를 조
37. 마땅 당
38. 구름 운
39. 마디 절
40. 고을 주
41. 낳을 산
42. 나그네 려
43. 알 지
44. 클 위
45. 채울 충
46. 바탕 질
47. 참여할 참/석 삼
48. 머리 수
49. 신선 선
50. 될 화
51. 들을 문
52. 뿌리 근
53. 붓 필
54. 일 사
55. 전할 전
56. 멀 원
57. 맺을 결
58. 붙을 착
59. 利
60. 夜
61. 苦
62. ②
63. ⑦
64. ③
65. ⑤
66. ①
67. ③
68. ⑤
69. 失神
70. 共用
71. 高度
72. 편하고 이로움
73. 아름다운 여자
74. 불을 끔
75. 發
76. 學
77. 体
78. 住民
79. 發生
80. 出入
81. 身體
82. 等級
83. 放學
84. 午前
85. 不幸
86. 日記
87. 家庭
88. 平和
89. 電氣
90. 淸明
91. 童話
92. 神童
93. 活動
94. 書堂
95. 反省
96. 分數
97. 家風
98. ⑥
99. ⑤
100. ④

제2회 모의 한자능력 검정시험

1. 경치
2. 출타
3. 정년
4. 충실
5. 종결
6. 죄인
7. 중지
8. 강호
9. 철교
10. 최고
11. 전기
12. 규칙
13. 냉정
14. 변질
15. 식탁
16. 석탄
17. 목판
18. 반칙
19. 허가
20. 선창
21. 후환
22. 전주
23. 곡조
24. 정전
25. 축복
26. 조사
27. 분점
28. 애정
29. 주말
30. 타자
31. 종목
32. 지능
33. 참전
34. 조심
35. 빙하
36. 머무를 정
37. 말씀 담
38. 그칠 지
39. 찰 한
40. 가장 최
41. 배 선
42. 다를 타
43. 높을 탁
44. 널 판
45. 물 하
46. 마칠 종
47. 호수 호
48. 법 전
49. 끊을 절/온통 체
50. 뜻 정

51. 씨 종
52. 꾸짖을 책
53. 반드시 필
54. 본받을 효
55. 갖출 구
56. 쇠 철
57. 이를 치
58. 상줄 상
59. 教室
60. 每番
61. 世代
62. 頭角
63. 童話
64. 强速球
65. 所聞
66. 電話
67. 讀書
68. 花草
69. 失手
70. 勝利
71. 意圖
72. 作家
73. 注油
74. 首
75. 愛
76. 習
77. 昨
78. 戰
79. 始
80. 勝, 成
81. 白
82. ②
83. ⑧
84. ①
85. ⑤
86. ①
87. ⑥
88. ②
89. ②

90. ③
91. ④
92. 웃어른께 안부를 여쭴
93. 아이를 기름
94. 반드시 이김
95. 万
96. 医
97. 画
98. ⑧
99. ⑩
100. ⑤

제3회 모의 한자능력 검정시험

1. 정지
2. 상품
3. 죄악
4. 치명
5. 약효
6. 교화
7. 최선
8. 축가
9. 일치
10. 호수
11. 타인
12. 탁견
13. 빙판
14. 조작
15. 화석
16. 철칙
17. 환자
18. 노고
19. 정감
20. 법칙
21. 하천
22. 합창
23. 타계
24. 주택

25. 독창
26. 패인
27. 필담
28. 한기
29. 화합
30. 무효
31. 길흉
32. 초면
33. 흑판
34. 특허
35. 철도
36. 일할 로
37. 허물 죄
38. 검을 흑
39. 처음 초
40. 곱 배
41. 법칙 칙/곧 즉
42. 칠 타
43. 숯 탄
44. 패할 패
45. 허락할 허
46. 근심 환
47. 부를 창
48. 소 우
49. 가게 점
50. 빌 축
51. 주일 주
52. 물건 품
53. 해할 해
54. 흉할 흉
55. 잡을 조
56. 마칠 졸
57. 쓸 비
58. 펼 전
59. 交通
60. 成長
61. 病室
62. 孫子
63. 在學

64. 夕陽
65. 藥水
66. 話題
67. 韓服
68. 平野
69. 形式
70. 時計
71. 表現
72. 和合
73. 現在
74. 半
75. 堂
76. 感
77. 幸
78. 休
79. 溫
80. 自
81. 新
82. ⑧
83. ①
84. ④
85. ⑤
86. ④
87. ③
88. ⑥
89. ①
90. ③
91. ⑤
92. 자리에 앉음
93. 가장 높음
94. 서로 친하게 사귐
95. 会
96. 区
97. 国
98. ⑦
99. ④
100. ⑥

※5급·5급Ⅱ ④과정을 마친 다음에
　모의고사 답을 기재하세요.

수험번호 □□□-□□-□□□□　　성명 □□□□□
생년월일 □□□□□□　　※주민등록번호 앞 6자리 숫자를 기입하십시오.　※성명을 한글로 작성.
　　　　　　　　　　　　　　　　　　　　　　　　　　　　　　※필기구는 검정색 볼펜만 가능

※ 답안지는 컴퓨터로 처리되므로 구기거나 더럽히지 마시고, 정답 칸 안에만 쓰십시오.
　글씨가 채점란으로 들어오면 오답처리가 됩니다.

제1회 모의 한자능력검정시험 5급Ⅱ 답안지(1) (시험시간: 50분)

번호	정답	1검	2검	번호	정답	1검	2검	번호	정답	1검	2검
1				17				33			
2				18				34			
3				19				35			
4				20				36			
5				21				37			
6				22				38			
7				23				39			
8				24				40			
9				25				41			
10				26				42			
11				27				43			
12				28				44			
13				29				45			
14				30				46			
15				31				47			
16				32				48			

감독위원	채점위원(1)		채점위원(2)		채점위원(3)	
(서명)	(득점)	(서명)	(득점)	(서명)	(득점)	(서명)

제1회 모의 한자능력검정시험 5급Ⅱ 답안지(2)

번호	정 답	1검	2검	번호	정 답	1검	2검	번호	정 답	1검	2검
49				67				85			
50				68				86			
51				69				87			
52				70				88			
53				71				89			
54				72				90			
55				73				91			
56				74				92			
57				75				93			
58				76				94			
59				77				95			
60				78				96			
61				79				97			
62				80				98			
63				81				99			
64				82				100			
65				83							
66				84							

답안란 / 채점란

✂ ※5급·5급Ⅱ ④과정을 마친 다음에
모의고사 답을 기재하세요.

수험번호 □□□-□□-□□□□　　성명 □□□□□

생년월일 □□□□□□　　※주민등록번호 앞 6자리 숫자를 기입하십시오.
　　　　　　　　　　　　　　　　　　　　　※성명을 한글로 작성.
　　　　　　　　　　　　　　　　　　　　　※필기구는 검정색 볼펜만 가능

※ 답안지는 컴퓨터로 처리되므로 구기거나 더럽히지 마시고, 정답 칸 안에만 쓰십시오.
　 글씨가 채점란으로 들어오면 오답처리가 됩니다.

제2회 모의 한자능력검정시험 5급 답안지(1) (시험시간: 50분)

번호	정답	1검	2검	번호	정답	1검	2검	번호	정답	1검	2검
1				17				33			
2				18				34			
3				19				35			
4				20				36			
5				21				37			
6				22				38			
7				23				39			
8				24				40			
9				25				41			
10				26				42			
11				27				43			
12				28				44			
13				29				45			
14				30				46			
15				31				47			
16				32				48			

감독위원	채점위원(1)	채점위원(2)	채점위원(3)
(서명)	(득점) (서명)	(득점) (서명)	(득점) (서명)

제2회 모의 한자능력검정시험 5급 답안지(2)

번호	정 답	1검	2검	번호	정 답	1검	2검	번호	정 답	1검	2검
	답안란	채점란			답안란	채점란			답안란	채점란	
49				67				85			
50				68				86			
51				69				87			
52				70				88			
53				71				89			
54				72				90			
55				73				91			
56				74				92			
57				75				93			
58				76				94			
59				77				95			
60				78				96			
61				79				97			
62				80				98			
63				81				99			
64				82				100			
65				83							
66				84							

※5급·5급Ⅱ ④과정을 마친 다음에
모의고사 답을 기재하세요.

수험번호 □□□-□□-□□□□   성명 □□□□□
생년월일 □□□□□□   ※주민등록번호 앞 6자리 숫자를 기입하십시오.   ※성명을 한글로 작성.
※필기구는 검정색 볼펜만 가능

※ 답안지는 컴퓨터로 처리되므로 구기거나 더럽히지 마시고, 정답 칸 안에만 쓰십시오.
글씨가 채점란으로 들어오면 오답처리가 됩니다.

제3회 모의 한자능력검정시험 5급 답안지(1) (시험시간: 50분)

번호	정 답	1검	2검	번호	정 답	1검	2검	번호	정 답	1검	2검
1				17				33			
2				18				34			
3				19				35			
4				20				36			
5				21				37			
6				22				38			
7				23				39			
8				24				40			
9				25				41			
10				26				42			
11				27				43			
12				28				44			
13				29				45			
14				30				46			
15				31				47			
16				32				48			

감독위원	채점위원(1)	채점위원(2)	채점위원(3)
(서명)	(득점) (서명)	(득점) (서명)	(득점) (서명)

제3회 모의 한자능력검정시험 5급 답안지(2)

번호	정답	1검	2검	번호	정답	1검	2검	번호	정답	1검	2검
49				67				85			
50				68				86			
51				69				87			
52				70				88			
53				71				89			
54				72				90			
55				73				91			
56				74				92			
57				75				93			
58				76				94			
59				77				95			
60				78				96			
61				79				97			
62				80				98			
63				81				99			
64				82				100			
65				83							
66				84							

(답안란 / 채점란 headers: 답안란, 채점란 repeated above each group)